ⓦ 완자

공부력

KB118808

Ⓠ 왜 공부력을 키워야 할까요?

쓰기력

정확한 의사소통의 기본기이며 논리의 바탕

연필을 잡고 종이에 쓰는 것을 괴로워한다!
맞춤법을 몰라 정확한 쓰기를 못한다!
말은 잘하지만 조리 있게 쓰는 것이 어렵다!
그래서 글쓰기의 기본 규칙을 정확히 알고
써야 공부 능력이 향상됩니다.

어휘력

교과 내용 이해와 독해력의 기본 바탕

어휘를 몰라서 수학 문제를 못 푼다!
어휘를 몰라서 사회, 과학 내용 이해가 안 된다!
어휘를 몰라서 수업 내용을 따라가기 어렵다!
그래서 교과 내용 이해의 기본 바탕을
다지기 위해 어휘 학습을 해야 합니다.

독해력

모든 교과 실력 향상의 기본 바탕

글을 읽었지만 무슨 내용인지 모른다!
글을 읽고 이해하는 데 시간이 오래 걸린다!
읽어서 이해하는 공부 방식을 거부하려고 한다!
그래서 통합적 사고력의 바탕인 독해 공부로
교과 실력 향상의 기본기를 닦아야 합니다.

계산력

초등 수학의 핵심이자 기본 바탕

계산 과정의 실수가 잦다!
계산을 하긴 하는데 시간이 오래 걸린다!
계산은 하는데 계산 개념을 정확히 모른다!
그래서 계산 개념을 익히고 속도와 정확성을
높이기 위한 훈련을 통해 계산력을 키워야 합니다.

세상이 변해도
배움의 즐거움은
변함없도록

시대는 빠르게 변해도
배움의 즐거움은
변함없어야 하기에

어제의 비상은
남다른 교재부터
결이 다른 콘텐츠
전에 없던 교육 플랫폼까지

변함없는 혁신으로
교육 문화 환경의 새로운 전형을
실현해왔습니다.

비상은 오늘, 다시 한번
새로운 교육 문화 환경을 실현하기 위한
또 하나의 혁신을 시작합니다.

오늘의 내가 어제의 나를 초월하고
오늘의 교육이 어제의 교육을 초월하여
배움의 즐거움을 지속하는 혁신,

바로, 메타인지학습을.

상상을 실현하는 교육 문화 기업 비상

메타인지학습
초월을 뜻하는 meta와 생각을 뜻하는 인지가 결합된 메타인지는
자신이 알고 모르는 것을 스스로 구분하고 학습계획을 세우도록 하는
궁극의 학습 능력입니다. 비상의 메타인지학습은 메타인지를 키워주어
공부를 100% 내 것으로 만들도록 합니다.

특징과 활용법

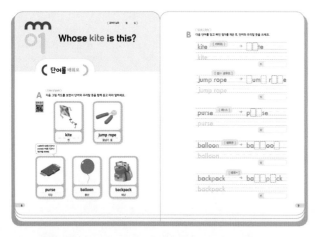

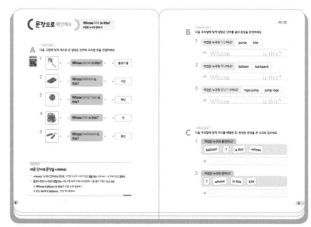

✳ 그림 카드와 함께 단어를 보고, 듣고,
따라 말하고, 쓰면서 배워요.

✳ 배운 단어를 문장에 적용해 보며
단어의 실제 쓰임새를 다시 한 번 익혀요.

✳ 철자와 우리말 발음을 색으로 연결하여 단어를 정확하게 익혀요.

예시 **bookstore** [붂스토어r]

| 자음 : 빨강, 파랑, 초록 | 모음 : 보라 | 굴리는 r : 주황 | 묵음 : 회색 |

모음	a [애 / 에이 / 어]		e [에 / 이 / 어]		i [이 / 아이]		o [아 / 오 / 오우]		u [어 / 우 / 유]
자음	b [ㅂ]	c [ㅋ / ㅅ , ㅆ]	d [ㄷ]	f [ㅍ , ㅃ]	g [ㄱ / ㅈ]	h [ㅎ]	j [ㅈ]	k [ㅋ]	l [ㄹ]	m [ㅁ]
	n [ㄴ]	p [ㅍ]	q [ㅋ]	r [ㄹ]	s [ㅅ , ㅆ / ㅈ]	t [ㅌ]	v [ㅂ]	w [우]	x [ㅋ / ㅅ , ㅆ]	y [이 / 아이]
	z [ㅈ]	ch [취]	sh [쉬]	th [ㅆ / ㄷ]	ng [응]	ph [ㅍ , ㅃ]				

↳ w, y는 자음이지만
모음으로 발음해요.

✔ 책으로 하루 4쪽 공부하며, 초등 영단어를 익혀요!

✔ 모바일앱으로 공부한 내용을 복습하고 몬스터를 잡아요!

공부한 내용 확인하기

모바일앱으로 복습하기

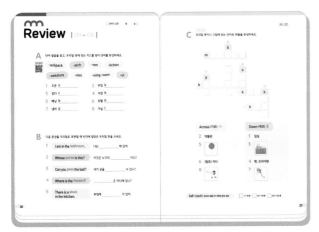

✳ 5일 동안 배운 단어를 재미있는 💡
문제로 풀어보며 복습해요.

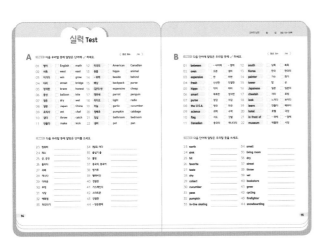

✳ 20일 동안 배운 단어를 단계별 문제로
풀어보며 자기의 실력을 확인해요.

앱 다운받기   책 인증하기

✳ 그날 배운 내용을 바로바로,
또는 주말에 모아서 복습하고,
다이아몬드 획득까지! 💎
공부가 저절로 즐거워져요!

 # 차례

한 친구가
작은 습관을 만들었어요.

매일매일의 시간이 흘러
작은 습관은 큰 습관이 되었어요.

큰 습관이 지금은 그 친구를 이끌고
있어요. 매일매일의 좋은 습관은
우리를 좋은 곳으로 이끌어 줄 거예요.

**우리도
하루 4쪽 공부 습관!
스스로 공부하는 힘을
키워 볼까요?**

Whose kite is this?

단어를 배워요

Listen & Speak

A 다음 그림 카드를 보면서 단어와 우리말 뜻을 함께 듣고 따라 말하세요.

단어 듣기

kite

연

jump rope

줄넘기 줄

wallet은 남성용 지갑이고 purse는 여성용 지갑이나 핸드백을 의미해요.

purse

지갑

balloon

풍선

backpack

배낭

6

B 다음 단어를 읽고 빠진 철자를 채운 후, 단어와 우리말 뜻을 쓰세요.

kite [카이트] → □□te

kite

뜻

[점ㅍ 로우프]

jump rope → □um□r□□e

jump rope

뜻

purse [퍼r스] → p□□se

purse

뜻

balloon [벌루운] → ba□□oo□

balloon

뜻

[백패ㅋ]

backpack → ba□□p□ck

backpack

뜻

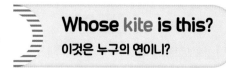
Read & Match

A 다음 그림에 맞게 색으로 된 알맞은 단어와 우리말 뜻을 연결하세요.

문장 듣기

1 • • Whose **purse** is this? • • 줄넘기 줄

2 • • Whose **balloon** is this? • • 지갑

3 • • Whose **jump rope** is this? • • 배낭

4 • • Whose **kite** is this? • • 연

5 • • Whose **backpack** is this? • • 풍선

배운 단어로 문장을 이해해요!

> whose는 '누구의 (것)'이라는 뜻으로, '이것은 누구의 ~이니?'라고 물을 때는 Whose ~ is this? 라고 말해요.

> 물건의 주인이 누구인지 밝힐 때는 사람 이름 뒤에 '(아포스트로피)와 -s를 붙여 '이름's'라고 써요.

A Whose balloon is this? 이것은 누구의 풍선이니?
B It's Jack's balloon. 그것은 잭의 풍선이야.

Choose & Write

B 다음 우리말에 맞게 알맞은 단어를 골라 문장을 완성하세요.

1 이것은 누구의 지갑이니?　　purse　　kite

→ Whose　　　　　is this?

2 이것은 누구의 배낭이니?　　balloon　　backpack

→ Whose　　　　　is this?

3 이것은 누구의 줄넘기 줄이니?　　rope jump　　jump rope

→ Whose　　　　　is this?

Write & Speak

C 다음 우리말에 맞게 카드를 배열한 후, 완성된 문장을 큰 소리로 읽으세요.

1 이것은 누구의 풍선이니?

balloon　　?　　is this　　whose

→ _____

2 이것은 누구의 연이니?

?　　whose　　is this　　kite

→ _____

Can you kick the ball?

단어를 배워요

A 다음 그림 카드를 보면서 단어와 우리말 뜻을 함께 듣고 따라 말하세요.

단어 듣기

kick

(발로) 차다

hit

(공을) 치다

throw

던지다

catch

잡다

pass

건네주다, 패스하다

B 다음 단어를 읽고 빠진 철자를 채운 후, 단어와 우리말 뜻을 쓰세요.

kick [키ㅋ] → ki☐☐

kick

뜻

hit [히ㅌ] → h☐☐

hit

뜻

throw [쓰로우] → ☐☐☐ow

throw

뜻

catch [캐취] → c☐t☐☐

catch

뜻

pass [패ㅅ] → ☐a☐s

pass

뜻

문장으로 확인해요

Can you kick the ball?
너는 공을 찰 수 있니?

Read & Choose

A 다음 문장을 읽고, 색으로 된 단어에 맞는 우리말 뜻을 고르세요.

문장 듣기

1 Can you **catch** the ball? .... 던지다 / 잡다

2 Can you **hit** the ball? .... 치다 / 차다

3 Can you **throw** the ball? .... 건네주다 / 던지다

4 Can you **kick** the ball? .... 잡다 / 차다

5 Can you **pass** the ball? .... 건네주다 / 치다

배운 단어로 문장을 이해해요!

> Can you ~?는 '너는 ~할 수 있니?'라는 뜻으로, 상대방의 능력을 물어볼 때 써요.
  ex Can you catch the ball? 너는 공을 잡을 수 있니?

> Can you ~?는 '네가 ~해 줄 수 있니?'라는 뜻으로, 상대방에게 무엇인가를 요청할 때도 써요.
  ex Can you pass the ball? 네가 공을 건네줄 수 있니?

B 다음에서 알맞은 단어를 골라 우리말에 맞게 문장을 완성하세요.

| pass   catch   hit   kick   throw |

1 너는 공을 던질 수 있니?

→ Can you _____ the ball?

2 너는 공을 찰 수 있니?

→ Can you _____ the ball?

3 네가 공을 건네줄 수 있니?

→ Can you _____ the ball?

C 다음 우리말에 맞게 카드를 배열한 후, 완성된 문장을 큰 소리로 읽으세요.

1 너는 공을 칠 수 있니?

| ? | hit | the ball | can you |

→ _____

2 너는 공을 잡을 수 있니?

| can you | the ball | ? | catch |

→ _____

I am in the bedroom.

Listen & Speak

A 다음 그림 카드를 보면서 단어와 우리말 뜻을 함께 듣고 따라 말하세요.

단어 듣기

bedroom
침실

living room
거실

dining room은 '식탁이 있는 식사하는 공간'을 뜻해요. 우리나라는 대부분 요리하는 공간인 부엌과 합쳐져 있어요.

bathroom
화장실, 욕실

kitchen
부엌

dining room
식당

B 다음 단어를 읽고 빠진 철자를 채운 후, 단어와 우리말 뜻을 쓰세요.

[베드루움]

bedroom → be□□oo□

bedroom

뜻

[리빙 루움]

living room → □iv□ng r□□m

living room

뜻

[배쓰루움]

bathroom → b□□roo□

bathroom

뜻

[키친]

kitchen → □□tche□

kitchen

뜻

[다이닝 루움]

dining room → d□ni□□ □oom

dining room

뜻

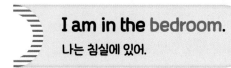

Read & Write

A 다음 문장을 읽고, 색으로 된 단어에 맞는 우리말 뜻을 골라 쓰세요.

문장 듣기

거실	식당	침실	화장실	부엌

1 I am in the kitchen. .... 나는 _____에 있어.

2 I am in the dining room. .... 나는 _____에 있어.

3 I am in the bedroom. .... 나는 _____에 있어.

4 I am in the living room. .... 나는 _____에 있어.

5 I am in the bathroom. .... 나는 _____에 있어.

배운 단어로 문장을 이해해요!

> '~ (안)에 있다'는 '~ 안에'를 뜻하는 in을 써서 'in the + 장소'로 표현해요.

A Jack, where are you? 잭, 너 어디 있니?

B I am in the bathroom, Mom. 저는 화장실에 있어요, 엄마.

> I am은 He[She] is나 They are 등으로 바꿔 쓸 수 있어요.

ex He is in the bedroom. 그는 침실에 있어.

They are in the living room. 그들은 거실에 있어.

B 다음 그림에 맞게 주어진 철자를 배열하여 문장을 완성하세요.

1

m e o r d b o

→ I am in the b

2

n h k c t i e

→ I am in the k

3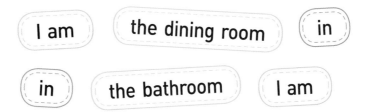

i i g n v l m o r o

→ I am in the l

C 다음 카드를 이용하여 우리말에 맞게 문장을 완성한 후, 큰 소리로 읽으세요.

I am   the dining room   in

in   the bathroom   I am

1 나는 화장실에 있어.

2 나는 식당에 있어.

There is a stove in the kitchen.

단어를 배워요

Listen & Speak

A 다음 그림 카드를 보면서 단어와 우리말 뜻을 함께 듣고 따라 말하세요.

단어 듣기

stove

가스레인지

sink

싱크대, 개수대

> pan은 평평하고 납작한 용기이고,
> pot은 속이 움푹 파인 용기를 나타내요.

oven

오븐

pan

팬, 프라이팬

pot

냄비

B 다음 단어를 읽고 빠진 철자를 채운 후, 단어와 우리말 뜻을 쓰세요.

stove [스토우브] → s □ □ ve

stove

뜻

→ -nk의 n은 '응' 소리가 나요.

sink [씽ㅋ] → s □ n □

sink

뜻

oven [어븐] → o □ e □

oven

뜻

pan [팬] → □ □ n

pan

뜻

pot [파ㅌ] → p □ □

pot

뜻

문장으로 확인해요

> **There is a stove in the kitchen.**
> 부엌에 가스레인지가 있어.

A 다음 그림에 맞게 색으로 된 알맞은 단어와 우리말 뜻을 연결하세요.

 문장 듣기

1 • • There is a **stove** in the kitchen. • • 오븐

2 • • There is a **pot** in the kitchen. • • 냄비

3 • • There is a **sink** in the kitchen. • • 프라이팬

4 • • There is an **oven** in the kitchen. • • 가스레인지

5 • • There is a **pan** in the kitchen. • • 싱크대

배운 단어로 문장을 이해해요!

> There is a[an] ~은 '~이 있다'라는 뜻이에요.

  ex There is a sink. 싱크대가 있어.

> '~이 …에 있다'라고 구체적인 장소를 말할 때는 'There is a[an] ~ + in the 장소'로 표현해요.

  ex There is a sink in the kitchen. 부엌에 싱크대가 있어.
  There is a table in the dining room. 식당에 식탁이 있어.

B 다음 우리말에 맞게 알맞은 단어를 골라 문장을 완성하세요.

1 부엌에 냄비가 있어.　　pot　　oven

→ There is a 　　　 in the kitchen.

2 부엌에 싱크대가 있어.　　stove　　sink

→ There is a 　　　 in the kitchen.

3 부엌에 팬이 있어.　　pan　　pot

→ There is a 　　　 in the kitchen.

C 다음 우리말에 맞게 카드를 배열한 후, 완성된 문장을 큰 소리로 읽으세요.

1 부엌에 오븐이 있어.

| an oven | . | there is | in the kitchen |

→ _____

2 부엌에 가스레인지가 있어.

| in the kitchen | a stove | there is | . |

→ _____

Where is the hotel?

단어를 배워요

Listen & Speak

A 다음 그림 카드를 보면서 단어와 우리말 뜻을 함께 듣고 따라 말하세요.

단어 듣기

hotel

호텔

museum

박물관

bookstore

서점

theater

극장, 영화관

department store

백화점

B 다음 단어를 읽고 빠진 철자를 채운 후, 단어와 우리말 뜻을 쓰세요.

hotel [호우텔] → h◻t◻◻

hotel

뜻

[뮤우지이엄] museum → ◻◻seu◻

museum

뜻

[붑스토어r] bookstore → boo◻st◻◻e

bookstore

뜻

r을 만나면 'ㄹ'로 발음하기도 해요.

[씨어러r] theater → ◻◻eat◻r

theater

뜻

[디파아r트먼ㅌ 스토어r] department store → de◻artme◻t st◻re

department store

뜻

문장으로 확인해요

Where is the hotel?
호텔은 어디에 있니?

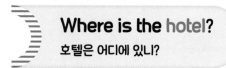

Read & Write

A

다음 문장을 읽고, 색으로 된 단어에 맞는 우리말 뜻을 골라 쓰세요.

문장 듣기

극장	서점	백화점	호텔	박물관

1 Where is the hotel? ⋯ _____은 어디에 있니?

2 Where is the department store? ⋯ _____은 어디에 있니?

3 Where is the museum? ⋯ _____은 어디에 있니?

4 Where is the bookstore? ⋯ _____은 어디에 있니?

5 Where is the theater? ⋯ _____은 어디에 있니?

배운 단어로 문장을 이해해요!

> Where is ~?는 '~은 어디에 있니?'라는 뜻으로, 특정 장소의 위치를 물을 때 써요.

A **Where is the museum?** 박물관은 어디에 있니?

B **It's next to the hotel.** 그것은 호텔 옆에 있어.

> the museum 같은 장소 외에 물건의 위치를 물어볼 때도 Where is ~?를 써요.

A **Where is your book?** 네 책은 어디에 있니?

B **It's in my backpack.** 그것은 내 배낭 안에 있어.

B Look & Write

다음 그림에 맞게 주어진 철자를 배열하여 문장을 완성하세요.

1

e a t ✗ r h e

→ Where is the t   ?

2

m m u u e s

→ Where is the m   ?

3

k r e o s o o t b

→ Where is the b   ?

C Write & Speak

다음 카드를 이용하여 우리말에 맞게 문장을 완성한 후, 큰 소리로 읽으세요.

the department store   the hotel

is   where   where   is

1 백화점은 어디에 있니?

2 호텔은 어디에 있니?

Review | 01 - 05 |

A 단어 발음을 듣고, 우리말 뜻에 맞는 카드를 찾아 단어를 완성하세요.

단어 듣기

-ackpack   -atch   -ven   -itchen

-ookstore   -otel   -iving room   -ot

1 오븐 o＿＿＿＿＿＿

2 부엌 k＿＿＿＿＿＿

3 잡다 c＿＿＿＿＿＿

4 서점 b＿＿＿＿＿＿

5 배낭 b＿＿＿＿＿＿

6 호텔 h＿＿＿＿＿＿

7 냄비 p＿＿＿＿＿＿

8 거실 l＿＿＿＿＿＿

B 다음 문장을 우리말로 표현할 때 빈칸에 알맞은 우리말 뜻을 쓰세요.

1 I am in the bathroom. ▶ 나는 ＿＿＿＿＿＿에 있어.

2 Whose purse is this? ▶ 이것은 누구의 ＿＿＿＿＿＿이니?

3 Can you pass the ball? ▶ 네가 공을 ＿＿＿＿＿＿ 수 있니?

4 Where is the theater? ▶ ＿＿＿＿＿＿은 어디에 있니?

5 There is a stove in the kitchen. ▶ 부엌에 ＿＿＿＿＿＿가 있어.

정답 112쪽

C 우리말 뜻이나 그림에 맞는 단어로 퍼즐을 완성하세요.

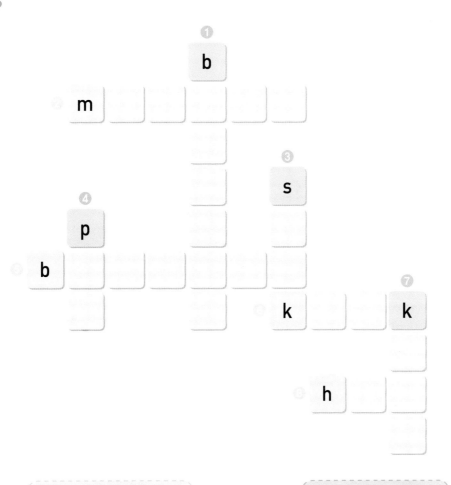

Across (가로) ➡

2 박물관

5

6 (발로) 차다

8

Down (세로) ⬇

1 침실

3

4 팬, 프라이팬

7

Self-check! 자신이 외운 01~05의 단어 개수   ☐ 1~9개 ☐ 10~19개 ☐ 20~25개

It's beside my house.

단어를 배워요

Listen & Speak

A 다음 그림 카드를 보면서 단어와 우리말 뜻을 함께 듣고 따라 말하세요.

단어 듣기

beside
~ 옆에

in front of
~ 앞에

> across는 '가로질러, 맞은편',
> from은 '~부터'라는 뜻이에요.

behind
~ 뒤에

across from
~ 맞은편에

between
~ 사이에

B 다음 단어를 읽고 빠진 철자를 채운 후, 단어와 우리말 뜻을 쓰세요.

beside [비싸이드] → be□□e

beside

뜻

[인 쁘런ㅌ 어브]

in front of → in □□ont o□

in front of

뜻

behind [비하인드] → □□hin□

behind

뜻

[어크로ㅅ 쁘럼]

across from → □□ross fr□m

across from

뜻

[비트위인]

between → be□□ee□

between

뜻

문장으로 확인해요

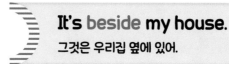

It's beside my house.
그것은 우리집 옆에 있어.

Read & Match

A 다음 그림에 맞게 색으로 된 알맞은 단어와 우리말 뜻을 연결하세요.

문장 듣기

1 • • It's in front of my house. • • ~ 앞에

2 • • It's behind my house. • • ~ 옆에

3 • • It's across from my house. • • ~ 뒤에

4  • • It's beside my house. • • ~ 맞은편에

5 • • It's between my house and the tree. • • ~ 사이에

배운 단어로 문장을 이해해요!

> beside, in front of, behind, across from은 건물이나 물건의 위치를 말할 때 써요.

  A Where is the bookstore? 서점은 어디에 있니?

  B It's beside my house. 그것은 우리집 옆에 있어.

> 두 개의 건물이나 장소 사이를 표현할 때는 between ~ and ...로 써요.

  ex It's between my house and the tree. 그것은 우리집과 그 나무 사이에 있어.

정답 113쪽

B 다음 우리말에 맞게 알맞은 단어를 골라 문장을 완성하세요.

1 그것은 우리집 뒤에 있어.　　behind　　beside

→ It's _____ my house.

2 그것은 우리집 맞은편에 있어.　　in front of　　across from

→ It's _____ my house.

3 그것은 우리집과 그 나무 사이에 있어.　　between　　behind

→ It's _____ my house and the tree.

C 다음 우리말에 맞게 카드를 배열한 후, 완성된 문장을 큰 소리로 읽으세요.

1 그것은 우리집 옆에 있어.

.　　my house　　beside　　it's

→

2 그것은 우리집 앞에 있어.

in front of　　it's　　.　　my house

→

My shoes are clean.

단어를 배워요

A 다음 그림 카드를 보면서 단어와 우리말 뜻을 함께 듣고 따라 말하세요.

단어 듣기

clean
깨끗한

dry
마른

cheap
(값이) 싼

dirty
더러운

wet
젖은

expensive
(값이) 비싼

B 다음 단어를 읽고 빠진 철자를 채운 후, 단어와 우리말 뜻을 쓰세요.

clean [클리인] → c□□an

clean 뜻

→ r을 만나면 'ㄹ'로 발음하기도 해요.

dirty [더r리] → □i□t□

dirty 뜻

dry [드라이] → d□□

dry 뜻

wet [웨트] → □□t

wet 뜻

cheap [취이ㅍ] → □□eap

cheap 뜻

expensive [익스펜씨브] → e□p□nsi□e

expensive 뜻

 문장으로 확인해요

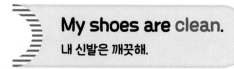 **My shoes are clean.**
내 신발은 깨끗해.

Read & Match

A 다음 그림에 맞게 색으로 된 알맞은 단어와 우리말 뜻을 연결하세요.

문장 듣기

1 • • My shoes are wet. • • 젖은

2 • • My shoes are cheap. • • (값이) 비싼

3 • • My shoes are dirty. • • 깨끗한

4 • • My shoes are dry. • • 마른

5 • • My shoes are clean. • • (값이) 싼

6 • • My shoes are expensive. • • 더러운

배운 단어로 문장을 이해해요!

> 신발(shoes)이나 양말(socks)처럼 두 개가 한 쌍으로 짝지어져 있는 것은 끝에 -s를 붙여요.

   ex shoe 신발 한 짝 ➡ shoes 신발 한 켤레

> My shoes are ~는 '내 신발은 ~하다'라는 뜻으로, '~' 자리는 신발의 상태를 설명하는 말이 와요.

   ex My shoes are dirty. 내 신발은 더러워.

B 다음 우리말에 맞게 알맞은 단어를 골라 문장을 완성하세요.

1 내 신발은 비싸. cheap expensive

→ My shoes are _____.

2 내 신발은 깨끗해. clean dirty

→ My shoes are _____.

3 내 신발은 젖었어. wet dry

→ My shoes are _____.

C 다음 우리말에 맞게 카드를 배열한 후, 완성된 문장을 큰 소리로 읽으세요.

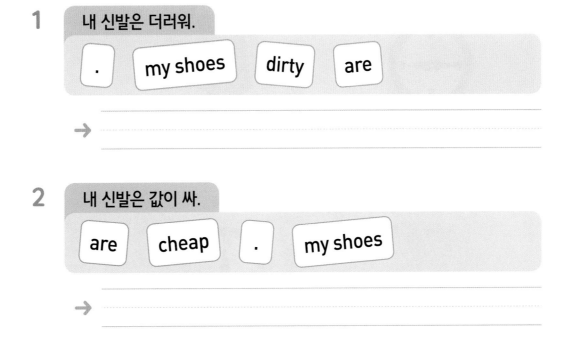

1 내 신발은 더러워.

. my shoes dirty are

→ _____

2 내 신발은 값이 싸.

are cheap . my shoes

→ _____

08

Which way is east?

단어를 배워요

Listen & Speak

A 다음 그림 카드를 보면서 단어와 우리말 뜻을 함께 듣고 따라 말하세요.

단어 듣기

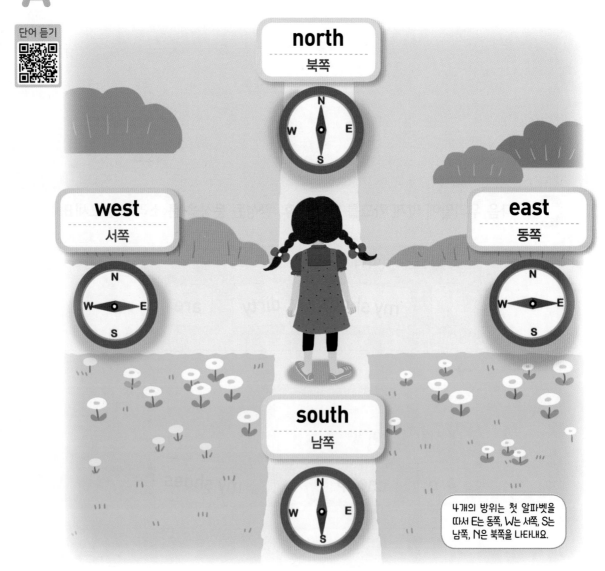

north
북쪽

west
서쪽

east
동쪽

south
남쪽

4개의 방위는 첫 알파벳을 따서 E는 동쪽, W는 서쪽, S는 남쪽, N은 북쪽을 나타내요.

36

B 다음 단어를 읽고 빠진 철자를 채운 후, 단어와 우리말 뜻을 쓰세요.

'-'는 앞에 나온 소리를 길게 발음해요.

east [이-스ㅌ] → ☐☐st

east

뜻

west [웨스ㅌ] → ☐e☐t

west

뜻

south [싸우ㅆ] → s☐☐th

south

뜻

north [노오r쓰] → nor☐☐

north

뜻

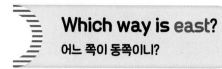
Read & Write

A 다음 문장을 읽고, 색으로 된 단어에 맞는 우리말 뜻을 골라 쓰세요.

문장 듣기

| 동쪽 | 서쪽 | 남쪽 | 북쪽 |

1 Which way is south? ·················· 어느 쪽이 _____ 이니?

2 Which way is west? ·················· 어느 쪽이 _____ 이니?

3 Which way is east? ·················· 어느 쪽이 _____ 이니?

4 Which way is north? ·················· 어느 쪽이 _____ 이니?

배운 단어로 문장을 이해해요!

› which는 '어느, 어떤', way는 '길, 방향'이라는 뜻이에요.

› Which way is ~?는 '어느 쪽[방향]이 ~이니?'라는 뜻이에요.

A Which way is south? 어느 쪽이 남쪽이니?

B This way. 이쪽이야.

Look & Write

B 다음 그림에 맞게 주어진 철자를 배열하여 문장을 완성하세요.

1

t o h r n

→ Which way is n____?

2

s t e w

→ Which way is ____?

3

e s t a

→ Which way is ____?

Write & Speak

C 다음 카드를 이용하여 우리말에 맞게 문장을 완성한 후, 큰 소리로 읽으세요.

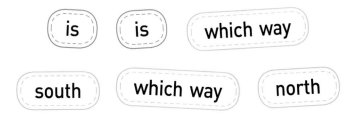

(is)   (is)   (which way)

(south)   (which way)   (north)

1 **어느 쪽이 남쪽이니?**

_____

2 **어느 쪽이 북쪽이니?**

_____

I am from Korea.

C 단어를 **배워요**

Listen & Speak

A 다음 그림 카드를 보면서 단어와 우리말 뜻을 함께 듣고 따라 말하세요.

단어 듣기

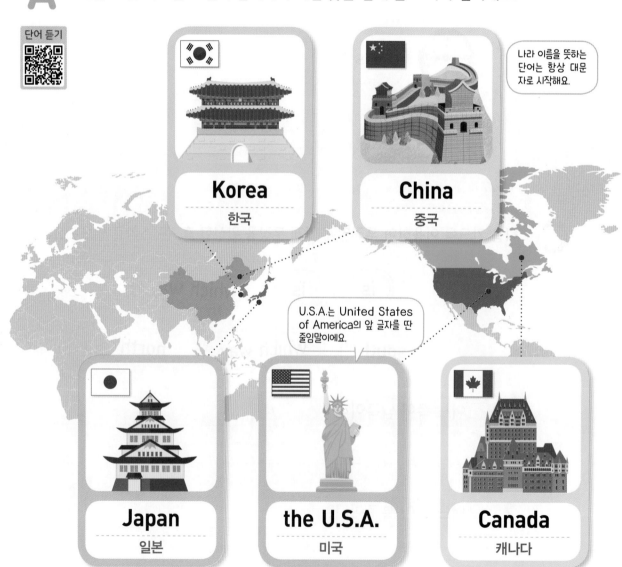

Korea
한국

China
중국

나라 이름을 뜻하는 단어는 항상 대문자로 시작해요.

U.S.A.는 United States of America의 앞 글자를 딴 줄임말이에요.

Japan
일본

the U.S.A.
미국

Canada
캐나다

B 다음 단어를 읽고 빠진 철자를 채운 후, 단어와 우리말 뜻을 쓰세요.

Korea [커리이어] → K☐☐ea

Korea

뜻

China [차이나] → Ch☐n☐

China

뜻

Japan [저팬] → ☐ap☐☐

Japan

뜻

the U.S.A. [더 유에스에이] → th☐ U.☐.A.

the U.S.A.

뜻

Canada [캐너다] → ☐an☐☐a

Canada

뜻

41

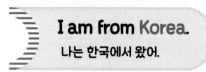
I am from Korea.
나는 한국에서 왔어.

A 다음 그림에 맞게 색으로 된 알맞은 단어와 우리말 뜻을 연결하세요.

 문장 듣기

1  • • I am from Canada. • 미국

2 • • I am from Japan. • 일본

3 • • I am from Korea. • 캐나다

4 • • I am from China. • 한국

5 • • I am from the U.S.A. • 중국

배운 단어로 문장을 이해해요!

> I am from ~은 '나는 ~ 출신이야, ~에서 왔어'라는 뜻으로, 자신의 출신 지역을 말할 때 써요.

> 출신이나 국적을 물어 볼 때는 Where are you from?이라고 말해요.

A **Where are you from?** 너는 어디 출신이니?
B **I am from China.** 나는 중국에서 왔어.

정답 114쪽

B 다음 우리말에 맞게 알맞은 단어를 골라 문장을 완성하세요.

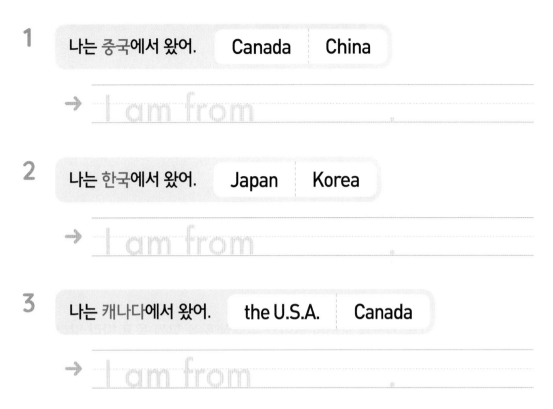

1 나는 중국에서 왔어.   Canada   China

→ I am from _____ .

2 나는 한국에서 왔어.   Japan   Korea

→ I am from _____ .

3 나는 캐나다에서 왔어.   the U.S.A.   Canada

→ I am from _____ .

Write & Speak

C 다음 우리말에 맞게 카드를 배열한 후, 완성된 문장을 큰 소리로 읽으세요.

1 나는 일본에서 왔어.

I am   .   Japan   from

→ _____

2 나는 미국에서 왔어.

from   I am   the U.S.A.

→ _____

10 This is a Korean flag.

단어를 배워요

A

다음 그림 카드를 보면서 단어와 우리말 뜻을 함께 듣고 따라 말하세요.

단어 듣기

안녕하세요

Korean

한국의, 국어

你好

Chinese

중국의, 중국어

こんにちは

Japanese

일본의, 일어

나라 이름의 끝에 -(ia)n이나 -ese를
붙여 그 나라에 관한 단어를 만들어요.
Korea - Korean
Japan - Japanese

American

미국의

Canadian

캐나다의

flag

깃발

44

B 다음 단어를 읽고 빠진 철자를 채운 후, 단어와 우리말 뜻을 쓰세요.

[코리언]

Korean → □or□□n

Korean   뜻

[차이니이즈]

Chinese → □□i□ese

Chinese   뜻

[재퍼니이즈]

Japanese → J□□ane□e

Japanese   뜻

[어메리컨]

American → □mer□□an

American   뜻

[커네이디언]

Canadian → Ca□□dia□

Canadian   뜻

[쁠래그]

flag → □□ag

flag   뜻

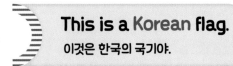
Read & Choose

A 다음 문장을 읽고, 색으로 된 단어에 맞는 우리말 뜻을 고르세요.

문장 듣기

1 This is an American flag.

미국의
캐나다의

2 This is a Chinese flag.

중국의
한국의

3 This is a Korean flag.

일본의
한국의

4 This is a Canadian flag.

캐나다의
중국의

5 This is a Japanese flag.

미국의
일본의

배운 단어로 문장을 이해해요!

> This is a[an] ~은 '이것은 ~이다'라는 뜻이에요.
> flag 자리는 다양한 말을 써서 그 나라에 관한 것을 표현할 수 있어요.
> **ex** This is a Japanese food. 이것은 일본의 음식이야.
> This is an American car. 이것은 미국의 자동차야.

B 다음에서 알맞은 단어를 골라 우리말에 맞게 문장을 완성하세요.

| Korean | Japanese | Chinese | American | Canadian |

1 이것은 중국의 국기야.

This is a _____ flag.

2 이것은 캐나다의 국기야.

This is a _____ flag.

3 이것은 한국의 국기야.

This is a _____ flag.

C 다음 우리말에 맞게 카드를 배열한 후, 완성된 문장을 큰 소리로 읽으세요.

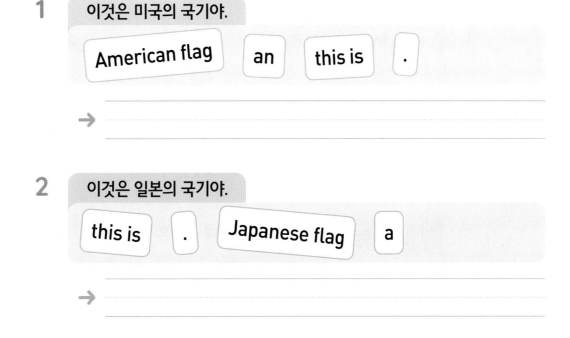

1 이것은 미국의 국기야.

American flag | an | this is | .

→ _____

2 이것은 일본의 국기야.

this is | . | Japanese flag | a

→ _____

Review | 06 - 10 |

(공부한 날짜   월   일)

A 단어 발음을 듣고, 우리말 뜻에 맞는 카드를 찾아 단어를 완성하세요.

단어 듣기

| -est | -ast | -ry | -n front of |

| -orean | -ean | -apan | -eside |

1 마른 d _____
2 한국의 K _____
3 서쪽 w _____
4 깨끗한 cl _____
5 동쪽 e _____
6 ~ 옆에 b _____
7 일본 J _____
8 ~ 앞에 i _____

B 다음 문장을 우리말로 표현할 때 빈칸에 알맞은 우리말 뜻을 쓰세요.

1 I am from the U.S.A. ▸ 나는 _____에서 왔어.

2 Which way is south? ▸ 어느 쪽이 _____이니?

3 It's behind my house. ▸ 그것은 우리집 _____ 있어.

4 My shoes are cheap. ▸ 내 신발은 _____.

5 This is a Chinese flag. ▸ 이것은 _____ 국기야.

48

C 그림에 알맞은 단어를 쓴 후, 각 번호에 해당하는 알파벳으로 문장을 완성하세요.

1 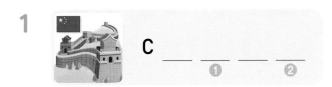 C ___ ___ ___
        ① ②

2  ___ ___ ___ g
        ③

3 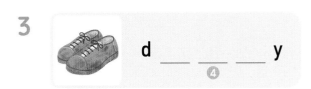 d ___ ___ ___ y
        ④

4  ___ ___ ___ t ___
        ⑤ ⑥

5  ___ ___
        ⑦

6  ___ ___ n ___ d ___
        ⑧

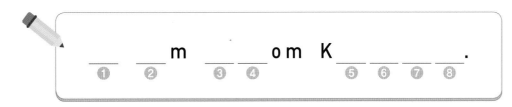 ___ ___ m ___ ___ o m K ___ ___ ___ ___ .
        ① ② ③ ④ ⑤ ⑥ ⑦ ⑧

Self-check! 자신이 외운 06~10의 단어 개수   ☐ 1~9개 ☐ 10~19개 ☐ 20~26개

My favorite subject is English.

A 다음 그림 카드를 보면서 단어와 우리말 뜻을 함께 듣고 따라 말하세요.

단어 듣기

English
영어

English 같은 '언어'는
첫 글자를 대문자로 써요.

math
수학

science
과학

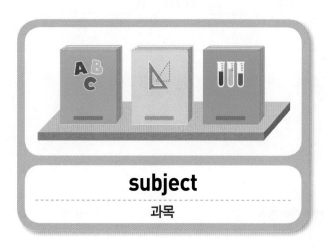

subject
과목

favorite
가장 좋아하는

B 다음 단어를 읽고 빠진 철자를 채운 후, 단어와 우리말 뜻을 쓰세요.

English   [잉글리쉬]   →   En☐li☐☐

English

뜻

math   [매ㅆ]   →   ma☐☐

math

뜻

[싸이언ㅅ]

science   →   ☐cien☐☐

science

뜻

[써브젝ㅌ]

subject   →   s☐bj☐☐t

subject

뜻

[뻬이브리ㅌ]

favorite   →   fa☐☐ite

favorite

뜻

Read & Write

A 다음 문장을 읽고, 색으로 된 단어에 맞는 우리말 뜻을 골라 쓰세요.

문장 듣기

가장 좋아하는	수학	과학	영어	과목

1 My favorite subject is English. ·············· 내가 가장 좋아하는 과목은 _____야.

2 My favorite subject is science. ·············· 내가 가장 좋아하는 과목은 _____이야.

3 My favorite subject is math. ·············· 내가 가장 좋아하는 과목은 _____이야.

4 My favorite subject is Korean. ·············· 내가 _____ 과목은 국어야.

5 My favorite subject is Chinese. ·············· 내가 가장 좋아하는 _____은 중국어야.

배운 단어로 문장을 이해해요!

▸ my favorite ~은 '내가 가장 좋아하는 ~'이라는 뜻으로, '~'자리에는 다양한 말이 올 수 있어요.

ex my favorite color 내가 가장 좋아하는 색깔 my favorite food 내가 가장 좋아하는 음식

▸ 가장 좋아하는 것이 무엇인지 물을 때는 What is your favorite ~?이라고 말해요.

A What is your favorite subject? 네가 가장 좋아하는 과목은 무엇이니?

B My favorite subject is English. 내가 가장 좋아하는 과목은 영어야.

정답 116쪽

B 다음 그림에 맞게 주어진 철자를 배열하여 문장을 완성하세요.

1  b t e c u s j

→ My favorite s   is Korean.

2  h n E i g l s

→ My favorite subject is E   .

3 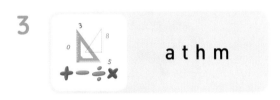 a t h m

→ My favorite subject is   .

Write & Speak

C 다음 카드를 이용하여 우리말에 맞게 문장을 완성한 후, 큰 소리로 읽으세요.

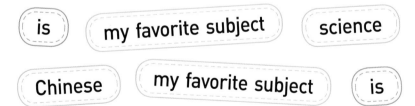

(is)   (my favorite subject)   (science)

(Chinese)   (my favorite subject)   (is)

1 내가 가장 좋아하는 과목은 과학이야.

2 내가 가장 좋아하는 과목은 중국어야.

Mary is a smart girl.

단어를 배워요

Listen & Speak

A 다음 그림 카드를 보면서 단어와 우리말 뜻을 함께 듣고 따라 말하세요.

단어 듣기

smart

똑똑한

kind

친절한

shy

수줍음이 많은

honest

정직한

brave

용감한

Speak & Write

B 다음 단어를 읽고 빠진 철자를 채운 후, 단어와 우리말 뜻을 쓰세요.

smart [스마아r트] → s☐☐rt

smart

뜻 ☐

kind [카인드] → ☐in☐

kind

뜻 ☐

shy [쉬아이] → sh☐

shy

뜻 ☐

→ h는 소리가 나지 않아요.

honest [어니스트] → ☐☐nes☐

honest

뜻 ☐

brave [브레이브] → br☐v☐

brave

뜻 ☐

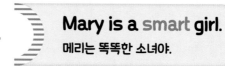
Read & Choose

A 다음 문장을 읽고, 색으로 된 단어에 맞는 우리말 뜻을 고르세요.

문장 듣기

1 Mary is a kind girl. ·········· 정직한 / 친절한

2 Jack is a brave boy. ·········· 용감한 / 똑똑한

3 Mary is a shy girl. ·········· 수줍음이 많은 / 친절한

4 Jack is an honest boy. ·········· 정직한 / 용감한

5 Mary is a smart girl. ·········· 똑똑한 / 수줍음이 많은

배운 단어로 문장을 이해해요!

> 사람의 성격이나 태도를 표현할 때는 '이름 + is a[an] ~ '이라고 말해요.

　ex Mary is an honest girl. 메리는 정직한 소녀야.

> boy나 girl 대신 사람을 나타내는 다른 말로 바꿔 쓸 수 있어요.

　ex Roy is a brave student. 로이는 용감한 학생이야.

　　Amy is a kind lady. 에이미는 친절한 숙녀야.

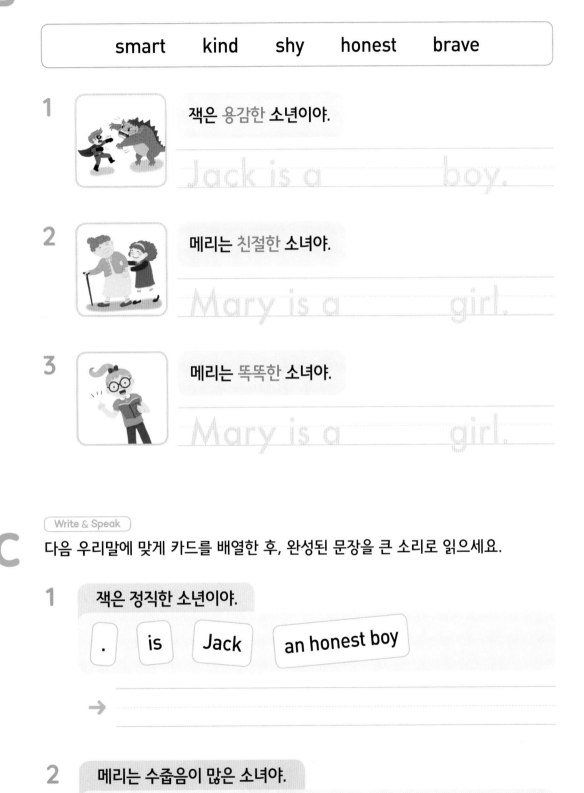

Choose & Write

B 다음에서 알맞은 단어를 골라 우리말에 맞게 문장을 완성하세요.

| smart | kind | shy | honest | brave |

1 잭은 용감한 소년이야.

Jack is a   boy.

2 메리는 친절한 소녀야.

Mary is a   girl.

3 메리는 똑똑한 소녀야.

Mary is a   girl.

Write & Speak

C 다음 우리말에 맞게 카드를 배열한 후, 완성된 문장을 큰 소리로 읽으세요.

1 잭은 정직한 소년이야.

.   is   Jack   an honest boy

→

2 메리는 수줍음이 많은 소녀야.

is   a shy girl   Mary   .

→

I want to be a chef.

단어를 배워요

Listen & Speak

A 다음 그림 카드를 보면서 단어와 우리말 뜻을 함께 듣고 따라 말하세요.

단어 듣기

chef

요리사, 주방장

painter

화가

firefighter

소방관

police officer

경찰관

vet

수의사

B 다음 단어를 읽고 빠진 철자를 채운 후, 단어와 우리말 뜻을 쓰세요.

chef [쉬에ㅍ] → ☐☐ef

chef

뜻 ☐

painter [페인터r] → p☐☐nte☐

painter

뜻 ☐

firefighter [빠이어r빠이러r] → fi☐ef☐gh☐er

↳ r을 만나면 'ㄹ'로 발음하기도 해요.

firefighter

뜻 ☐

police officer [펄리이ㅅ 어피써r] → p☐li☐e offic☐r

police officer

뜻 ☐

vet [베ㅌ] → ☐☐t

vet

뜻 ☐

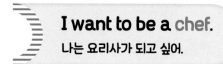
Read & Write

A 다음 문장을 읽고, 색으로 된 단어에 맞는 우리말 뜻을 골라 쓰세요.

문장 듣기

| 소방관 | 경찰관 | 요리사 | 화가 | 수의사 |

1 **I want to be a vet.** ······· 나는 _____ 가 되고 싶어.

2 **I want to be a painter.** ······· 나는 _____ 가 되고 싶어.

3 **I want to be a chef.** ······· 나는 _____ 가 되고 싶어.

4 **I want to be a police officer.** ······· 나는 _____ 이 되고 싶어.

5 **I want to be a firefighter.** ······· 나는 _____ 이 되고 싶어.

배운 단어로 문장을 이해해요!

> want to ~는 '~하고 싶다', be ~는 '~이 되다'라는 뜻이에요.

> I want to be a[an] ~은 '나는 ~이 되고 싶다'라는 뜻으로, 자신의 장래 희망을 말할 때 쓰는 표현이에요.

> 장래 희망을 물을 때는 What do you want to be?라고 말해요.

A What do you want to be? 너는 무엇이 되고 싶니?

B I want to be a vet. 나는 수의사가 되고 싶어.

Look & Write

B 다음 그림에 맞게 주어진 철자를 배열하여 문장을 완성하세요.

1   r i t n p e a

→ I want to be a p _____ .

2   t v e

→ I want to be a _____ .

3   f h e c

→ I want to be a _____ .

Write & Speak

C 다음 카드를 이용하여 우리말에 맞게 문장을 완성한 후, 큰 소리로 읽으세요.

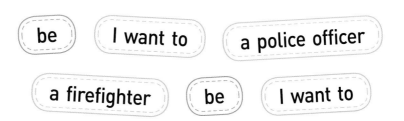

(be)   (I want to)   (a police officer)

(a firefighter)   (be)   (I want to)

1   나는 경찰관이 되고 싶어.

_____

2   나는 소방관이 되고 싶어.

_____

14

It smells good.

단어를 배워요

A 다음 그림 카드를 보면서 단어와 우리말 뜻을 함께 듣고 따라 말하세요.

단어 듣기

smell

냄새가 나다

sound

들리다

taste

맛이 나다

feel

느끼다

look

보이다

B 다음 단어를 읽고 빠진 철자를 채운 후, 단어와 우리말 뜻을 쓰세요.

smell [스멜] → s _ e _ l

smell

뜻

sound [싸운드] → _ _ _ nd

sound

뜻

taste [테이스트] → t _ s _ _

taste

뜻

feel [삐일] → f _ _ _

feel

뜻

look [루ㅋ] → l _ _ k

look

뜻

Read & Match

A 다음 그림에 맞게 색으로 된 알맞은 단어와 우리말 뜻을 연결하세요.

문장 듣기

1 · · It feels good. · · 들리다

2 · · It sounds good. · · 보이다

3 · · It smells good. · · 맛이 나다

4 · · It looks good. · · 냄새가 나다

5 · · It tastes good. · · 느끼다

배운 단어로 문장을 이해해요!

> It(그것), This(이것) 등 '한 가지'에 대해 말할 때는 smells처럼 단어 끝에 -s를 붙여요.

ex It smells good. (O)   It smell good. (X)

> smell / taste / look / feel / sound 뒤에 오는 good은 다양한 말로 바꿔 쓸 수 있어요.

ex It smells bad. 그것은 나쁜 냄새가 나.
It looks beautiful. 그것은 아름답게 보여.

B 다음 우리말에 맞게 알맞은 단어를 골라 문장을 완성하세요.

1 그것은 좋은 맛이 나.　　sound　taste

→ It ＿＿＿s good.

2 그것은 좋은 냄새가 나.　　smell　look

→ It ＿＿＿s good.

3 그것은 좋게 느껴져.　　feel　sound

→ It ＿＿＿s good.

C 다음 우리말에 맞게 카드를 배열한 후, 완성된 문장을 큰 소리로 읽으세요.

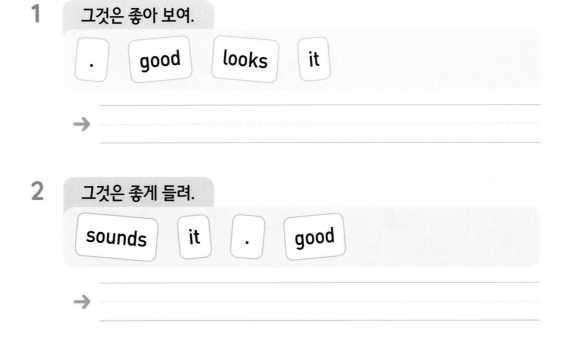

1 그것은 좋아 보여.

.　　good　　looks　　it

→

2 그것은 좋게 들려.

sounds　　it　　.　　good

→

15

Do you like hippos?

단어를 배워요

Listen & Speak

A 다음 그림 카드를 보면서 단어와 우리말 뜻을 함께 듣고 따라 말하세요.

단어 듣기

hippo
하마

parrot
앵무새

kangaroo
캥거루

penguin
펭귄

animal
동물

cheetah
치타

B 다음 단어를 읽고 빠진 철자를 채운 후, 단어와 우리말 뜻을 쓰세요.

hippo　[히포우]　→　hi☐p☐

hippo　　　　　　　　　　뜻

parrot　[패러ㅌ]　→　☐☐rr☐t

parrot　　　　　　　　　　뜻

[캥거루우]

kangaroo　→　ka☐☐a☐oo

kangaroo　　　　　　　　　　뜻

penguin　[펭귄]　→　p☐ngu☐☐

penguin　　　　　　　　　　뜻

[취이러]

cheetah　→　ch☐☐ta☐

↳ t는 'ㄹ'로 발음하기도 해요.

cheetah　　　　　　　　　　뜻

animal　[애너멀]　→　☐☐im☐l

animal　　　　　　　　　　뜻

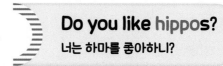
Read & Choose

A 다음 문장을 읽고, 색으로 된 단어에 맞는 우리말 뜻을 고르세요.

문장 듣기

1 **Do you like parrots?** .... 앵무새 / 캥거루

2 **Do you like hippos?** .... 치타 / 하마

3 **Do you like animals?** .... 동물 / 펭귄

4 **Do you like cheetahs?** .... 앵무새 / 치타

5 **Do you like penguins?** .... 펭귄 / 하마

6 **Do you like kangaroos?** .... 캥거루 / 동물

배운 단어로 문장을 이해해요!

> Do you like ~?는 '너는 ~을 좋아하니?'라는 뜻으로, Yes나 No로 답해요.

  A Do you like animals? 너는 동물을 좋아하니?

  B Yes, I do. 응, 그래. / No, I don't. 아니, 그렇지 않아.

> 정해져 있는 하나가 아닌 일반적인 것에 대해 물을 때는 단어 끝에 -s를 붙여요.

  ex Do you like apples? 너는 사과를 좋아하니?

Choose & Write

B 다음에서 알맞은 단어를 골라 우리말에 맞게 문장을 완성하세요.

| penguin | cheetah | hippo | kangaroo | parrot |

1 너는 치타를 좋아하니?

Do you like ___s?

2 너는 하마를 좋아하니?

Do you like ___s?

3 너는 앵무새를 좋아하니?

Do you like ___s?

Write & Speak

C 다음 우리말에 맞게 카드를 배열한 후, 완성된 문장을 큰 소리로 읽으세요.

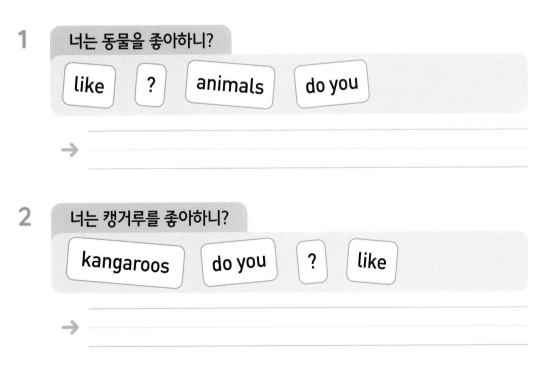

1 너는 동물을 좋아하니?

| like | ? | animals | do you |

→ _____

2 너는 캥거루를 좋아하니?

| kangaroos | do you | ? | like |

→ _____

Review | 11-15 |

A 단어 발음을 듣고, 우리말 뜻에 맞는 카드를 찾아 단어를 완성하세요.

단어 듣기

-nglish   -ubject   -eetah   -onest

-ippo   -et   -ind   -irefighter

1 과목 s _____   2 친절한 k _____

3 치타 ch _____   4 수의사 v _____

5 영어 E _____   6 정직한 h _____

7 하마 h _____   8 소방관 f _____

B 다음 문장을 우리말로 표현할 때 빈칸에 알맞은 우리말 뜻을 쓰세요.

1 I want to be a chef. ▶ 나는 _____가 되고 싶어.

2 Mary is a shy girl. ▶ 메리는 _____ 소녀야.

3 It tastes good. ▶ 그것은 좋은 _____.

4 Do you like penguins? ▶ 너는 _____을 좋아하니?

5 My favorite subject is science. ▶ 내가 가장 좋아하는 과목은 _____이야.

정답 118쪽

C

우리말 뜻이나 그림에 맞는 단어로 퍼즐을 완성하세요.

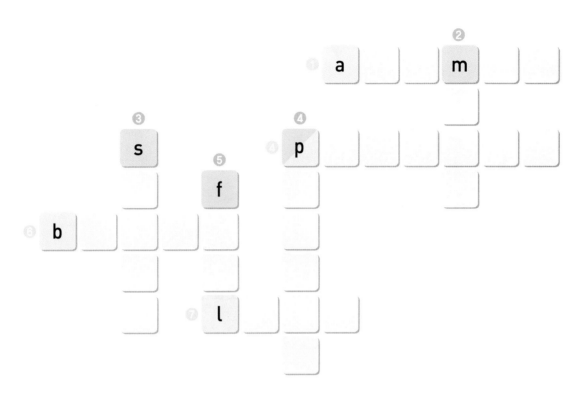

Across (가로) ➡

1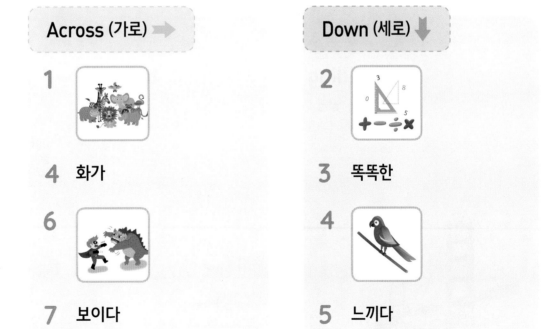

4 화가

6

7 보이다

Down (세로) ⬇

2

3 똑똑한

4

5 느끼다

16

The building is very big.

단어를 배워요

Listen & Speak

A 다음 그림 카드를 보면서 단어와 우리말 뜻을 함께 듣고 따라 말하세요.

단어 듣기

building

건물, 빌딩

tower

탑, 타워

자동차가 다니는 차도와 사람이 걸어다니는 인도 모두 street 라고 해요.

bridge

다리

palace

궁, 궁전

street

거리, 길

B 다음 단어를 읽고 빠진 철자를 채운 후, 단어와 우리말 뜻을 쓰세요.

building   [빌딩]   →   b ☐ i ☐ din ☐

building

뜻

tower   [타우어r]   →   to ☐ ☐ r

tower

뜻

→ d는 소리가 나지 않아요.

bridge   [브리쥐]   →   ☐ ri ☐ ge

bridge

뜻

palace   [팰리ㅅ]   →   pa ☐ ☐ ☐ e

palace

뜻

street   [스트리이트]   →   st ☐ ☐ e ☐

street

뜻

Read & Write

A 다음 문장을 읽고, 색으로 된 단어에 맞는 우리말 뜻을 골라 쓰세요.

문장 듣기

| 다리 | 궁 | 길 | 건물 | 탑 |

1 The tower is very tall. .... 그 _____ 은 매우 높아.

2 The street is very clean. .... 그 _____ 은 매우 깨끗해.

3 The palace is very beautiful. .... 그 _____ 은 매우 아름다워.

4 The building is very big. .... 그 _____ 은 매우 커.

5 The bridge is very long. .... 그 _____ 는 매우 길어.

배운 단어로 문장을 이해해요!

> very는 '매우'라는 뜻으로, very 뒤에 쓰인 단어의 의미를 강조할 때 써요.

ex The tower is tall. 그 탑은 높아.
→ The tower is very tall. 그 탑은 매우 높아.

B Look & Write

다음 그림에 맞게 주어진 철자를 배열하여 문장을 완성하세요.

1

e a a l c p

→ The p   is very beautiful.

2

b e g d i r

→ The b   is very long.

3

r t e w o

→ The t   is very tall.

C Write & Speak

다음 카드를 이용하여 우리말에 맞게 문장을 완성한 후, 큰 소리로 읽으세요.

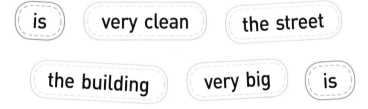

(is)   (very clean)   (the street)

(the building)   (very big)   (is)

1 그 건물은 매우 커.

2 그 길은 매우 깨끗해.

17

Can you turn on the computer?

단어를 배워요

Listen & Speak

A 다음 그림 카드를 보면서 단어와 우리말 뜻을 함께 듣고 따라 말하세요.

단어 듣기

computer
컴퓨터

television
텔레비전

노트북 컴퓨터는 laptop computer,
일반 컴퓨터는 desktop computer라고 해요.

smart(똑똑한)와 phone(전화기)이
합쳐져서 만들어진 말이에요.

radio
라디오

light
전등, 불빛

smartphone
스마트폰

B 다음 단어를 읽고 빠진 철자를 채운 후, 단어와 우리말 뜻을 쓰세요.

[컴퓨우러r]

computer → □omp□t□r

computer

뜻

[텔레비전]

television → te□e□isi□n

television

뜻

[레이디오우]

radio → r□di□

radio

뜻

→ gh는 소리가 나지 않아요.

light [라이트] → l□□□t

light

뜻

[스마아r트뽀운]

smartphone → smart□□□ne

smartphone

뜻

A

다음 그림에 맞게 색으로 된 알맞은 단어와 우리말 뜻을 연결하세요.

문장 듣기

1  • • Can you turn on the television? • • 텔레비전

2  • • Can you turn off the light? • • 라디오

3 • • Can you turn on the computer? • • 컴퓨터

4 • • Can you turn off the radio? • • 전등

5 • • Can you turn off your smartphone? • • 스마트폰

배운 단어로 문장을 이해해요!

> Can you ~?는 '네가 ~해 줄 수 있니?'라는 뜻으로, 상대방에게 무엇인가를 요청하거나 부탁할 때 써요.

A Can you turn on the computer? 네가 컴퓨터를 켜 줄 수 있니?

B Of course. 물론이지.

> turn on은 '(전자기기 등을) 켜다', turn off는 '(전자기기 등을) 끄다'라는 뜻이에요.

Choose & Write

B 다음 우리말에 맞게 알맞은 단어를 골라 문장을 완성하세요.

1 네가 라디오를 꺼 줄 수 있니?　　light　　radio

→ Can you turn off the _____ ?

2 네가 컴퓨터를 켜 줄 수 있니?　　computer　　television

→ Can you turn on the _____ ?

3 네가 너의 스마트폰을 꺼 줄 수 있니?　　smartphone　　light

→ Can you turn off your _____ ?

Write & Speak

C 다음 우리말에 맞게 카드를 배열한 후, 완성된 문장을 큰 소리로 읽으세요.

1 네가 전등을 꺼 줄 수 있니?

| turn off | can you | ? | the light |

→ _____

2 네가 텔레비전을 켜 줄 수 있니?

| ? | the television | turn on | can you |

→ _____

Let's go bowling.

《 공부한 날짜   월   일 》

단어를 배워요

Listen & Speak

A 다음 그림 카드를 보면서 단어와 우리말 뜻을 함께 듣고 따라 말하세요.

단어 듣기

bowling
볼링

surfing
서핑, 파도타기

in-line skating
인라인 스케이트 타기

cycling
사이클링, 자전거 타기

snowboarding
스노보드 타기

B 다음 단어를 읽고 빠진 철자를 채운 후, 단어와 우리말 뜻을 쓰세요.

[보울링]

bowling → b◻wl◻ng

bowling

뜻

[써어*r*삥]

surfing → ◻ur◻in◻

surfing

뜻

[인-라인 스케이팅]

in-line skating → in-li◻e sk◻ting

in-line skating

뜻

[싸이클링]

cycling → ◻y◻lin◻

cycling

뜻

[스노우보오*r*딩]

snowboarding → snowbo◻rdi◻g

snowboarding

뜻

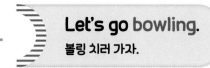
Read & Choose

A 다음 문장을 읽고, 색으로 된 단어에 맞는 우리말 뜻을 고르세요.

문장 듣기

1 Let's go surfing.

| 스노보드 타기 |
| 파도타기 |

2 Let's go cycling.

| 인라인 스케이트 타기 |
| 자전거 타기 |

3 Let's go bowling.

| 볼링 |
| 파도타기 |

4 Let's go snowboarding.

| 스노보드 타기 |
| 자전거 타기 |

5 Let's go in-line skating.

| 볼링 |
| 인라인 스케이트 타기 |

배운 단어로 문장을 이해해요!

› Let's ~는 '~ 하자'라는 뜻으로, 상대방에게 무엇인가를 제안할 때 쓰는 표현이에요.

› 함께 스포츠를 하자고 말할 때는 'Let's go + 스포츠 활동'이라고 해요.

ex Let's go bowling. 볼링 치러 가자.

› 야구나 배구처럼 공(ball)을 가지고 팀을 이루어서 하는 스포츠는 go가 아닌 play를 써요.

ex Let's play baseball. 야구를 하자.

82

B 다음에서 알맞은 단어를 골라 우리말에 맞게 문장을 완성하세요.

surfing snowboarding bowling cycling in-line skating

1 파도타기 하러 가자.

Let's go   .

2 자전거 타러 가자.

Let's go   .

3 볼링 치러 가자.

Let's go   .

C 다음 우리말에 맞게 카드를 배열한 후, 완성된 문장을 큰 소리로 읽으세요.

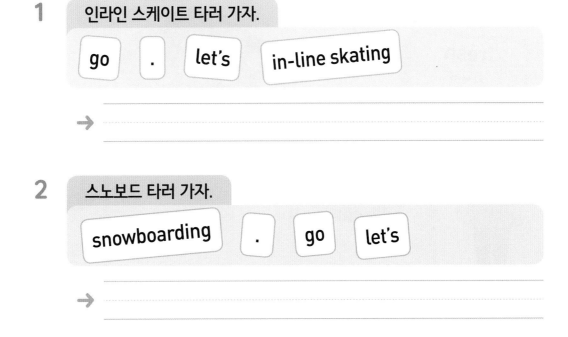

1 인라인 스케이트 타러 가자.

go . let's in-line skating

→

2 스노보드 타러 가자.

snowboarding . go let's

→

83

This pumpkin is fresh.

단어를 배워요

Listen & Speak

A 다음 그림 카드를 보면서 단어와 우리말 뜻을 함께 듣고 따라 말하세요.

단어 듣기

pumpkin
호박

vegetable
채소

cucumber
오이

fresh
신선한

cabbage
양배추

garlic
마늘

B 다음 단어를 읽고 빠진 철자를 채운 후, 단어와 우리말 뜻을 쓰세요.

[펌프킨]

pumpkin → p ☐ m ☐ ☐ in

pumpkin 뜻

[큐우컴버r]

cucumber → ☐ ucu ☐ b ☐ r

cucumber 뜻

[캐비쥐]

cabbage → c ☐ ☐ ba ☐ e

cabbage 뜻

[가아r리ㅋ]

garlic → ☐ a ☐ li ☐

garlic 뜻

[베지터블]

vegetable → ☐ e ☐ eta ☐ le

vegetable 뜻

[쁘레쉬]

fresh → ☐ ☐ es ☐

fresh 뜻

문장으로 확인해요

This pumpkin is fresh.
이 호박은 신선해.

A 다음 문장을 읽고, 색으로 된 단어에 맞는 우리말 뜻을 골라 쓰세요.

| 호박 | 오이 | 양배추 | 마늘 | 채소 |

1 This garlic is fresh. ·········· 이 _____은 신선해.

2 This cucumber is fresh. ·········· 이 _____는 신선해.

3 This pumpkin is fresh. ·········· 이 _____은 신선해.

4 This cabbage is fresh. ·········· 이 _____는 신선해.

5 This vegetable is fresh. ·········· 이 _____는 신선해.

배운 단어로 문장을 이해해요!

> 'this ~'는 '이 ~'라는 뜻으로, 사물이나 사람을 가리킬 때 써요.
> ex this garlic 이 마늘   this boy 이 소년
> this 뒤에 나오는 말에 맞춰 is 뒤는 다양한 말로 바꿔 쓸 수 있어요.
> ex This garlic is cheap. 이 마늘은 값이 싸.
> This boy is kind. 이 소년은 친절해.

정답 120쪽

B

Look & Write

다음 그림에 맞게 주어진 철자를 배열하여 문장을 완성하세요.

1

c e a a b b g

→ This c _____ is fresh.

2

m u n i k p p

→ This p _____ is fresh.

3

a i r l c g

→ This g _____ is fresh.

C

Write & Speak

다음 카드를 이용하여 우리말에 맞게 문장을 완성한 후, 큰 소리로 읽으세요.

fresh   this vegetable   is

is   this cucumber   fresh

1 이 오이는 신선해.

_____

2 이 채소는 신선해.

_____

20 I want to make a kite.

단어를 배워요

Listen & Speak

A 다음 그림 카드를 보면서 단어와 우리말 뜻을 함께 듣고 따라 말하세요.

단어 듣기

make
만들다

grow
키우다, 재배하다

learn
배우다

win
이기다

collect
수집하다, 모으다

B 다음 단어를 읽고 빠진 철자를 채운 후, 단어와 우리말 뜻을 쓰세요.

make [메이크] → m ☐ ☐ e

make

뜻

grow [그로우] → ☐ ☐ ow

grow

뜻

learn [러r언] → l ☐ a ☐ n

learn

뜻

win [윈] → ☐ ☐ n

win

뜻

collect [컬렉ㅌ] → co ☐ l ☐ t

collect

뜻

문장으로 확인해요

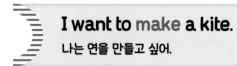

I want to make a kite.
나는 연을 만들고 싶어.

Read & Choose

A 다음 문장을 읽고, 색으로 된 단어에 맞는 우리말 뜻을 고르세요.

문장 듣기

1 I want to **win** a game. .... 만들다 / 이기다

2 I want to **learn** Chinese. .... 배우다 / 키우다

3 I want to **make** a kite. .... 모으다 / 만들다

4 I want to **grow** flowers. .... 키우다 / 이기다

5 I want to **collect** stickers. .... 배우다 / 모으다

↳ '스티커'를 뜻해요.

배운 단어로 문장을 이해해요!

> I want to ~는 '나는 ~하고 싶다'라는 뜻이에요.

> make, grow, learn, win, collect 뒤에 어울리는 단어를 넣어 다양한 문장을 만들 수 있어요.

> **ex** I want to **make** a robot. 나는 로봇을 만들고 싶어.

> I want to **grow** vegetables. 나는 채소를 재배하고 싶어.

> I want to **learn** Japanese. 나는 일어를 배우고 싶어.

90

Choose & Write

B 다음에서 알맞은 단어를 골라 우리말에 맞게 문장을 완성하세요.

| make | grow | learn | win | collect |

1 나는 스티커를 <u>모으고</u> 싶어.

→ I want to stickers.

2 나는 중국어를 배우고 싶어.

→ I want to Chinese.

3 나는 게임을 이기고 싶어.

→ I want to a game.

Write & Speak

C 다음 우리말에 맞게 카드를 배열한 후, 완성된 문장을 큰 소리로 읽으세요.

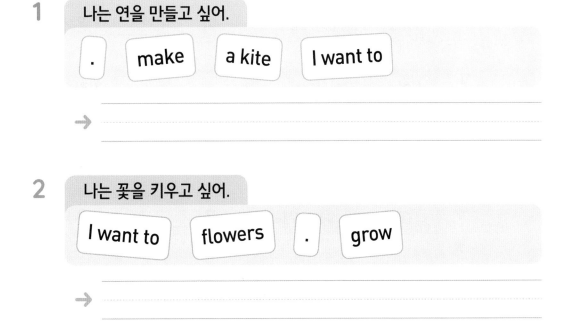

1 나는 연을 만들고 싶어.

| . | make | a kite | I want to |

→

2 나는 꽃을 키우고 싶어.

| I want to | flowers | . | grow |

→

91

Review | 16 - 20 |

A 단어 발음을 듣고, 우리말 뜻에 맞는 카드를 찾아 단어를 완성하세요.

단어 듣기

-earn -ollect -abbage -uilding

-omputer -egetable -ridge -umpkin

1 건물 b _____ 2 컴퓨터 c _____

3 다리 b _____ 4 양배추 c _____

5 채소 v _____ 6 배우다 l _____

7 호박 p _____ 8 모으다 c _____

B 다음 문장을 우리말로 표현할 때 빈칸에 알맞은 우리말 뜻을 쓰세요.

1 This garlic is fresh. 이 _____은 신선해.

2 Let's go bowling. _____ 치러 가자.

3 I want to win a game. 나는 게임을 _____ 싶어.

4 The tower is very tall. 그 _____은 매우 높아.

5 Can you turn off the light? 네가 _____을 꺼 줄 수 있니?

Let's Play

C 그림에 알맞은 단어를 쓴 후, 각 번호에 해당하는 알파벳으로 문장을 완성하세요.

1
___ ___ a ___ ___
    ①   ②

2
___ ___ ___ ___ ___
③

3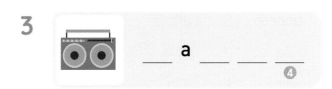
___ a ___ ___ ___
              ④

4
___ ___ ___ ___ e ___
⑤

5
c ___ ___ ___ ___ b ___ ___
          ⑥   ⑦

6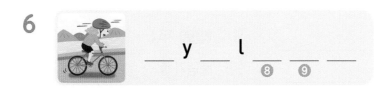
___ y ___ l ___ ___ ___
        ⑧   ⑨

___ ___ t's ___ ___ ___ ___ f ___ g.
① ②   ③ ④ ⑤ ⑥ ⑦ ⑧ ⑨

Self-check! 자신이 외운 16~20의 단어 개수   ☐ 1~9개   ☐ 10~19개   ☐ 20~26개

실력 Test

A **Step 1** 다음 우리말 뜻에 알맞은 단어에 ✔ 하세요.

01	영어	▶	☐ English	☐ math
02	서쪽	▶	☐ west	☐ east
03	이기다	▶	☐ win	☐ grow
04	다리	▶	☐ street	☐ bridge
05	정직한	▶	☐ brave	☐ honest
06	풍선	▶	☐ balloon	☐ kite
07	젖은	▶	☐ dry	☐ wet
08	일본	▶	☐ Japan	☐ China
09	요리사	▶	☐ vet	☐ chef
10	잡다	▶	☐ throw	☐ catch
11	만들다	▶	☐ make	☐ kick

12	미국의	▶	☐ American	☐ Canadian
13	동물	▶	☐ hippo	☐ animal
14	~ 뒤에	▶	☐ beside	☐ behind
15	배낭	▶	☐ backpack	☐ purse
16	(값이) 싼	▶	☐ expensive	☐ cheap
17	앵무새	▶	☐ parrot	☐ penguin
18	라디오	▶	☐ light	☐ radio
19	마늘	▶	☐ garlic	☐ cucumber
20	양배추	▶	☐ pumpkin	☐ cabbage
21	침실	▶	☐ bathroom	☐ bedroom
22	냄비	▶	☐ pot	☐ pan

Step 2 다음 우리말 뜻에 알맞은 단어를 쓰세요.

23	컴퓨터	_____
24	채소	_____
25	궁, 궁전	_____
26	들리다	_____
27	과목	_____
28	캐나다	_____
29	더러운	_____
30	부엌	_____
31	식당	_____
32	백화점	_____
33	파도타기	_____

34	(발로) 차다	_____
35	줄넘기 줄	_____
36	볼링	_____
37	중국의, 중국어	_____
38	캥거루	_____
39	텔레비전	_____
40	경찰관	_____
41	가스레인지	_____
42	스마트폰	_____
43	친절한	_____
44	~ 맞은편에	_____

B

Step 1 다음 단어에 알맞은 우리말 뜻에 ✔ 하세요.

01	between	☐ ~ 사이에	☐ ~ 옆에
02	oven	☐ 오븐	☐ 냄비
03	expensive	☐ 싼	☐ 비싼
04	fresh	☐ 신선한	☐ 친절한
05	hippo	☐ 악어	☐ 하마
06	smart	☐ 똑똑한	☐ 정직한
07	purse	☐ 장갑	☐ 지갑
08	the U.S.A.	☐ 영국	☐ 미국
09	science	☐ 과학	☐ 수학
10	flag	☐ 지도	☐ 깃발
11	Canadian	☐ 중국의	☐ 캐나다의

12	south	☐ 남쪽	☐ 북쪽
13	Korea	☐ 한국	☐ 한국의
14	painter	☐ 가수	☐ 화가
15	tower	☐ 탑	☐ 궁
16	Japanese	☐ 일본	☐ 일본의
17	cheetah	☐ 치타	☐ 표범
18	look	☐ 느끼다	☐ 보이다
19	learn	☐ 만들다	☐ 배우다
20	hotel	☐ 호텔	☐ 극장
21	in front of	☐ ~ 뒤에	☐ ~ 앞에
22	museum	☐ 박물관	☐ 시장

Step 2 다음 단어에 알맞은 우리말 뜻을 쓰세요.

23	north	_____
24	sink	_____
25	hit	_____
26	favorite	_____
27	taste	_____
28	shy	_____
29	collect	_____
30	cucumber	_____
31	pass	_____
32	pumpkin	_____
33	in-line skating	_____

34	smell	_____
35	living room	_____
36	dry	_____
37	street	_____
38	throw	_____
39	vet	_____
40	bookstore	_____
41	grow	_____
42	cycling	_____
43	firefighter	_____
44	snowboarding	_____

실력 Test

C Step 1 다음 우리말에 맞게 빈칸에 알맞은 단어를 쓰세요.

01 나는 스티커를 모으고 싶어.   I want to _____ stickers.

02 그 건물은 매우 커.   The _____ is very big.

03 그것은 좋게 느껴져.   It _____s good.

04 너는 공을 찰 수 있니?   Can you _____ the ball?

05 내 신발은 깨끗해.   My shoes are _____ .

06 이것은 한국의 국기야.   This is a _____ flag.

07 잭은 용감한 소년이야.   Jack is a _____ boy.

08 너는 펭귄을 좋아하니?   Do you like _____s?

09 그것은 우리집 옆에 있어.   It's _____ my house.

10 부엌에 프라이팬이 있어.   There is a _____ in the kitchen.

Step 2 다음 영어 문장에 맞게 빈칸에 알맞은 우리말 뜻을 쓰세요.

11 Whose kite is this?   이것은 누구의 _____ 이니?

12 I am in the bathroom.   나는 _____ 에 있어.

13 Where is the theater?   _____ 은 어디에 있니?

14 Which way is east?   어느 쪽이 _____ 이니?

15 I am from China.   나는 _____ 에서 왔어.

16 I want to be a painter.   나는 _____ 가 되고 싶어.

17 Let's go surfing.   _____ 하러 가자.

18 This cabbage is fresh.   이 _____ 는 신선해.

19 Can you turn off the light?   네가 _____ 을 꺼줄 수 있니?

20 My favorite subject is math. 내가 가장 좋아하는 과목은 _____ 이야.

완자

공부력

정답

초등 영어 **영단어 5A**

 정답 QR 코드

완자

공부력 가이드

완자 공부력 시리즈는
앞으로도 계속 출간될 예정입니다.

국어
맞춤법
바로 쓰기
1~2학년용
4책

쓰기력

전과목
어휘
1~6학년용
12책

전과목
한자
어휘
1~6학년용
12책

영어
파닉스
1~2학년용
2책

영어
영단어
3~6학년용
8책

어휘력

국어
독해
1~6학년용
12책

한국사
독해
인물편
3~6학년용
4책

한국사
독해
시대편
3~6학년용
4책

독해력

수학
계산
1~6학년용
12책

계산력

완자 공부력 시리즈로 공부 근육을 키워요!

학습의 기초가 되는 읽기, 쓰기, 셈하기와 관련된
공부력을 키워야 여러 교과를 터득하기 쉬워집니다.
또한 어휘력과 독해력, 쓰기력, 계산력을 바탕으로 한
'공부력'은 자기주도 학습으로 상당한 단계까지 올라갈 수
있는 밑바탕이 되어 줍니다. 그래서 매일 꾸준한 학습이
가능한 **'완자 공부력 시리즈'**로 공부하면 **자기주도 학습이**
가능한 튼튼한 공부 근육을 키울 수 있을 것이라 확신합니다.

효과적인 공부력 강화 계획을 세워요!

○ 학년별 공부 계획
내 학년에 맞게 꾸준하게 공부 계획을 세워요!

		1-2학년	3-4학년	5-6학년
기본	독해	국어 독해 1A 1B 2A 2B	국어 독해 3A 3B 4A 4B	국어 독해 5A 5B 6A 6B
	계산	수학 계산 1A 1B 2A 2B	수학 계산 3A 3B 4A 4B	수학 계산 5A 5B 6A 6B
	어휘	전과목 어휘 1A 1B 2A 2B	전과목 어휘 3A 3B 4A 4B	전과목 어휘 5A 5B 6A 6B
		파닉스 1 2	영단어 3A 3B 4A 4B	영단어 5A 5B 6A 6B
확장	어휘	전과목 한자 어휘 1A 1B 2A 2B	전과목 한자 어휘 3A 3B 4A 4B	전과목 한자 어휘 5A 5B 6A 6B
	쓰기	맞춤법 바로 쓰기 1A 1B 2A 2B		
	독해		한국사 독해 인물편 1 2 3 4	
			한국사 독해 시대편 1 2 3 4	

○ 시기별 공부 계획

학기 중에는 **기본**, 방학 중에는 **기본 + 확장**으로 공부 계획을 세워요!

방학 중			
학기 중			
기본			확장
독해	계산	어휘	어휘, 쓰기, 독해
국어 독해	수학 계산	전과목 어휘 파닉스(1~2학년) 영단어(3~6학년)	전과목 한자 어휘 맞춤법 바로 쓰기(1~2학년) 한국사 독해(3~6학년)

예시 초1 학기 중 공부 계획표 주 5일 하루 3과목 (45분)

월	화	수	목	금
국어 독해	국어 독해	국어 독해	국어 독해	국어 독해
수학 계산	수학 계산	수학 계산	수학 계산	수학 계산
전과목 어휘	파닉스	전과목 어휘	전과목 어휘	파닉스

예시 초4 방학 중 공부 계획표 주 5일 하루 4과목 (60분)

월	화	수	목	금
국어 독해	국어 독해	국어 독해	국어 독해	국어 독해
수학 계산	수학 계산	수학 계산	수학 계산	수학 계산
전과목 어휘	영단어	전과목 어휘	전과목 어휘	영단어
한국사 독해 인물편	전과목 한자 어휘	한국사 독해 인물편	전과목 한자 어휘	한국사 독해 인물편

3A
단어 수: 100개

초등 필수 영단어 권별 분류

01	It is a desk.	• desk 책상 • chair 의자 • sofa 소파 • bed 침대 • table 식탁
02	Go.	• go 가다 • come 오다 • stop 멈추다 • sit 앉다 • stand 서다
03	This is my eye.	• eye 눈 • ear 귀 • nose 코 • mouth 입 • face 얼굴
04	I have a pencil.	• pencil 연필 • ruler 자 • pen 펜 • textbook 교과서 • eraser 지우개 • have 가지다
05	It is red.	• red 빨간색 • blue 파란색 • green 초록색 • yellow 노란색 • black 검은색
06	I like apples.	• apple 사과 • banana 바나나 • orange 오렌지 • grape 포도 • pear 배 • like 좋아하다
07	Do you have a dog?	• dog 개 • cat 고양이 • bird 새 • rabbit 토끼 • fish 물고기
08	It is my book.	• book 책 • doll 인형 • robot 로봇 • ball 공 • bat 방망이
09	I can sing.	• sing 노래하다 • swim 수영하다 • cook 요리하다 • skate 스케이트를 타다 • ski 스키를 타다
10	It is big.	• big (크기가) 큰 • small (크기가) 작은 • long (길이가) 긴 • short (길이가) 짧은
11	I don't like onions.	• onion 양파 • carrot 당근 • potato 감자 • tomato 토마토 • corn 옥수수
12	Is it a pig?	• pig 돼지 • cow 소 • horse 말 • chicken 닭 • duck 오리
13	This is my mom.	• mom 엄마 • dad 아빠 • sister 여자 형제(언니, 누나, 여동생) • brother 남자 형제(형, 오빠, 남동생) • family 가족
14	I don't have a crayon.	• crayon 크레용 • notebook 공책 • pencil case 필통 • glue 풀 • scissors 가위
15	I want candy.	• candy 사탕 • ice cream 아이스크림 • pie 파이 • chocolate 초콜릿 • dessert 디저트 • want 원하다
16	That is a car.	• car 자동차 • bus 버스 • train 기차 • ship 배 • airplane 비행기
17	Look at the sun.	• sun 해 • moon 달 • cloud 구름 • star 별 • sky 하늘 • look 보다
18	We buy cheese.	• cheese 치즈 • bread 빵 • ham 햄 • butter 버터 • jam 잼 • buy 사다
19	It is sunny.	• sunny 화창한 • rainy 비가 오는 • snowy 눈이 오는 • cloudy 흐린, 구름이 낀 • windy 바람이 부는 • foggy 안개가 낀
20	Don't run.	• run 달리다, 뛰다 • talk 말하다 • touch 만지다 • drink 마시다 • enter 들어오다

3B 단어 수: 101개

01	This is a bag.	• bag 가방 • camera 카메라 • clock 시계 • album 앨범 • umbrella 우산
02	It's a pink ball.	• pink 분홍색 • white 흰색 • brown 갈색 • gray 회색 • purple 보라색
03	How many monkeys?	• monkey 원숭이 • tiger 호랑이 • lion 사자 • bear 곰 • panda 판다
04	I have one book.	• one 1, 하나 • two 2, 둘 • three 3, 셋 • four 4, 넷 • five 5, 다섯
05	I am six years old.	• six 6, 여섯 • seven 7, 일곱 • eight 8, 여덟 • nine 9, 아홉 • ten 10, 열
06	Touch your hand.	• hand 손 • neck 목 • arm 팔 • leg 다리 • foot 발
07	Do you like lemons?	• lemon 레몬 • melon 멜론 • kiwi 키위 • peach 복숭아 • strawberry 딸기
08	I can't dance.	• dance 춤추다 • jump 점프하다 • dive 다이빙하다 • fly 날다 • drive 운전하다
09	I drink milk.	• milk 우유 • juice 주스 • water 물 • soda 탄산음료 • tea 차
10	She is tall.	• tall (키가) 큰 • short (키가) 작은 • old 나이가 많은 • young 어린 • pretty 예쁜 • ugly 못생긴
11	Is this your cap?	• cap 모자 • skirt 치마 • dress 원피스, 드레스 • shirt 셔츠 • coat 코트
12	Let's play together.	• play 놀다 • walk 걷다 • clean 청소하다 • work 일하다 • eat 먹다 • together 함께
13	Look at the flower.	• flower 꽃 • tree 나무 • leaf 나뭇잎 • plant 식물 • rainbow 무지개
14	We eat pizza.	• pizza 피자 • salad 샐러드 • rice 밥, 쌀 • steak 스테이크 • spaghetti 스파게티
15	I'm happy.	• happy 행복한 • sad 슬픈 • angry 화난 • hungry 배고픈 • sleepy 졸리운
16	It's warm.	• warm 따뜻한 • hot 더운 • cool 시원한 • cold 추운
17	He is a doctor.	• doctor 의사 • nurse 간호사 • cook 요리사 • farmer 농부 • pilot 조종사
18	Good morning.	• morning 아침 • noon 정오 • afternoon 오후 • evening 저녁 • night 밤 • good 좋은
19	Open the door, please.	• door 문 • window 창문 • open 열다 • close 닫다 • push 밀다 • pull 당기다
20	There is a mouse.	• mouse 쥐 • snake 뱀 • turtle 거북이 • frog 개구리 • iguana 이구아나

초등 필수 영단어 완전 정복

01	I love my mother.	• mother 어머니 • father 아버지 • grandmother 할머니 • grandfather 할아버지 • parents 부모 • love 사랑하다
02	This is my head.	• head 머리 • tooth 이 • shoulder 어깨 • finger 손가락 • toe 발가락
03	Here is a brush.	• brush 붓 • watch 손목시계 • basket 바구니 • paper 종이 • tape (접착용) 테이프
04	Is she a dentist?	• dentist 치과 의사 • singer 가수 • dancer 댄서, 무용가 • baker 제빵사 • driver 운전사
05	It's time for breakfast.	• breakfast 아침 식사 • school 학교 • lunch 점심 식사 • dinner 저녁 식사 • bed 취침 (시간) • time 시간
06	Let's play soccer.	• soccer 축구 • baseball 야구 • basketball 농구 • tennis 테니스 • badminton 배드민턴 • play 경기를 하다
07	Are you busy?	• busy 바쁜 • full 배부른 • sick 아픈 • tired 피곤한 • thirsty 목마른
08	Do you like chicken?	• chicken 닭고기 • fish 생선, 물고기 • pork 돼지고기 • beef 소고기 • meat 고기 • like 좋아하다
09	He is eleven years old.	• eleven 11, 열하나 • twelve 12, 열둘 • thirteen 13, 열셋 • fourteen 14, 열넷 • fifteen 15, 열다섯
10	There are sixteen pencils.	• sixteen 16, 열여섯 • seventeen 17, 열일곱 • eighteen 18, 열여덟 • nineteen 19, 열아홉 • twenty 20, 스물 • pencil 연필
11	It's my cake.	• cake 케이크 • candle 초 • present 선물 • birthday 생일 • party 파티
12	Do you know the boy?	• boy 소년 • girl 소녀 • man 남자 • woman 여자 • gentleman 신사 • lady 숙녀 • know 알다
13	Look at the giraffe.	• giraffe 기린 • wolf 늑대 • elephant 코끼리 • fox 여우 • zebra 얼룩말 • look 보다
14	He is handsome.	• handsome 잘생긴 • beautiful 아름다운 • fat 뚱뚱한 • thin 마른 • cute 귀여운
15	I am listening.	• listen 듣다 • read 읽다 • draw (연필로) 그리다 • paint (물감으로) 그리다 • cut 자르다
16	Put on your hat.	• hat (테가 있는) 모자 • scarf 스카프, 목도리 • jacket 재킷, (셔츠 위에 입는) 상의 • pants 바지 • shoes 신발 • put on ~을 입다 • take off ~을 벗다
17	I'm going to the zoo.	• zoo 동물원 • park 공원 • bank 은행 • hospital 병원 • market 시장 • go 가다
18	Do you want some soup?	• soup 수프 • curry 카레 • hamburger 햄버거 • egg 달걀 • cookie 쿠키 • want 원하다 • some 약간의
19	I can get there by bicycle.	• bicycle 자전거 • subway 지하철 • taxi 택시 • boat 보트, (작은) 배 • helicopter 헬리콥터
20	I want a bottle of water.	• bottle 병, 통 • bowl 그릇, 사발 • cup 컵, 잔 • glass (유리)잔 • water 물 • rice 밥, 쌀 • tea 차 • milk 우유

01	**What is your name?**	• name 이름 • hobby 취미 • dream 꿈 • address 주소 • number 번호, 숫자 • phone number 전화번호
02	**There is a picture.**	• picture 그림, 사진 • mirror 거울 • fan 선풍기 • lamp 램프, 등 • vase 꽃병
03	**It's a roof.**	• roof 지붕 • wall 벽 • floor 바닥 • room 방 • house 집
04	**This is a blackboard.**	• blackboard 칠판 • locker 사물함 • student 학생 • teacher 선생님 • classroom 교실
05	**He is my uncle.**	• uncle (외)삼촌, 이모부, 고모부 • aunt 이모, 고모, (외)숙모 • cousin 사촌 • son 아들 • daughter 딸
06	**Where is the library?**	• library 도서관 • church 교회 • bakery 제과점 • post office 우체국 • police station 경찰서
07	**It's on the desk.**	• on ~ 위에 • under ~ 아래에 • in ~ 안에 • next to ~ 옆에 • desk 책상 • bag 가방
08	**I don't like ants.**	• ant 개미 • bee 벌 • spider 거미 • butterfly 나비 • bug 벌레, 작은 곤충
09	**He is a scientist.**	• scientist 과학자 • writer 작가 • actor 배우 • designer 디자이너 • model 모델
10	**Can you play the piano?**	• piano 피아노 • guitar 기타 • violin 바이올린 • flute 플루트 • cello 첼로 • play (악기를) 연주하다
11	**How much are the socks?**	• socks 양말 • jeans 청바지 • shorts 반바지 • gloves 장갑 • mittens 벙어리장갑
12	**She is sleeping.**	• sleep (잠을) 자다 • study 공부하다 • cry 울다 • smile 웃다, 미소 짓다 • write 쓰다
13	**The wall is high.**	• high 높은 • low 낮은 • old 오래된 • new 새로운
14	**It's one thirty.**	• thirty 30, 서른 • forty 40, 마흔 • fifty 50, 쉰 • twenty-five 25, 스물다섯 • o'clock ~시 (정각)
15	**It's sixty dollars.**	• sixty 60, 예순 • seventy 70, 일흔 • eighty 80, 여든 • ninety 90, 아흔 • hundred 100, 백 • thousand 1000, 천 • dollar 달러
16	**She has a baby.**	• baby 아기 • child 아이, 어린이 • friend 친구 • husband 남편 • wife 아내 • have ~이 있다
17	**I enjoy camping.**	• camping 캠핑 • hiking 하이킹 • jogging 조깅 • swimming 수영 • fishing 낚시 • enjoy 즐기다
18	**It takes three minutes.**	• minute 분 • hour 시간 • day 일, 하루 • week 주, 일주일 • month 달, 월, 개월 • year 해, 년(年) • take (시간이) 걸리다
19	**It's Monday.**	• Monday 월요일 • Tuesday 화요일 • Wednesday 수요일 • Thursday 목요일 • Friday 금요일 • Saturday 토요일 • Sunday 일요일
20	**I can't find my key.**	• key 열쇠 • wallet 지갑 • drone 드론, 무인 항공기 • glasses 안경 • cell phone 휴대전화 • find 찾다, 발견하다

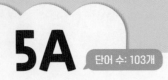
초등 필수 영단어 결정판 문장

01	Whose kite is this?	• kite 연 • jump rope 줄넘기 줄 • purse 지갑 • balloon 풍선 • backpack 배낭
02	Can you kick the ball?	• kick (발로) 차다 • hit (공을) 치다 • throw 던지다 • catch 잡다 • pass 건네주다, 패스하다
03	I am in the bedroom.	• bedroom 침실 • living room 거실 • bathroom 화장실, 욕실 • kitchen 부엌 • dining room 식당
04	There is a stove in the kitchen.	• stove 가스레인지 • sink 싱크대, 개수대 • oven 오븐 • pan 팬, 프라이팬 • pot 냄비
05	Where is the hotel?	• hotel 호텔 • museum 박물관 • bookstore 서점 • theater 극장, 영화관 • department store 백화점
06	It's beside my house.	• beside ~ 옆에 • in front of ~ 앞에 • behind ~ 뒤에 • across from ~ 맞은편에 • between ~ 사이에
07	My shoes are clean.	• clean 깨끗한 • dirty 더러운 • dry 마른 • wet 젖은 • cheap (값이) 싼 • expensive (값이) 비싼
08	Which way is east?	• east 동쪽 • west 서쪽 • south 남쪽 • north 북쪽
09	I am from Korea.	• Korea 한국 • China 중국 • Japan 일본 • the U.S.A. 미국 • Canada 캐나다
10	This is a Korean flag.	• Korean 한국의, 국어 • Chinese 중국의, 중국어 • Japanese 일본의, 일어 • American 미국의 • Canadian 캐나다의 • flag 깃발
11	My favorite subject is English.	• English 영어 • math 수학 • science 과학 • subject 과목 • favorite 가장 좋아하는
12	Mary is a smart girl.	• smart 똑똑한 • kind 친절한 • shy 수줍음이 많은 • honest 정직한 • brave 용감한
13	I want to be a chef.	• chef 요리사, 주방장 • painter 화가 • firefighter 소방관 • police officer 경찰관 • vet 수의사
14	It smells good.	• smell 냄새가 나다 • sound 들리다 • taste 맛이 나다 • feel 느끼다 • look 보이다
15	Do you like hippos?	• hippo 하마 • parrot 앵무새 • kangaroo 캥거루 • penguin 펭귄 • cheetah 치타 • animal 동물
16	The building is very big.	• building 건물, 빌딩 • tower 탑, 타워 • bridge 다리 • palace 궁, 궁전 • street 거리, 길
17	Can you turn on the computer?	• computer 컴퓨터 • television 텔레비전 • radio 라디오 • light 전등, 불빛 • smartphone 스마트폰 • turn on (전자기기 등을) 켜다 • turn off (전자기기 등을) 끄다
18	Let's go bowling.	• bowling 볼링 • surfing 서핑, 파도타기 • in-line skating 인라인 스케이트 타기 • cycling 사이클링, 자전거 타기 • snowboarding 스노보드 타기
19	This pumpkin is fresh.	• pumpkin 호박 • cucumber 오이 • cabbage 양배추 • garlic 마늘 • vegetable 채소 • fresh 신선한
20	I want to make a kite.	• make 만들다 • grow 키우다, 재배하다 • learn 배우다 • win 이기다 • collect 수집하다, 모으다 • game 게임 • sticker 스티커

5B 단어 수: 105개

01	Do you like art class?	• art 미술, 예술 • music 음악 • P.E. 체육 • history 역사 • social studies 사회 • class 수업, 반
02	I will call Sam tonight.	• call 전화하다 • meet 만나다 • visit 방문하다 • help 돕다, 도와주다 • join 함께하다 • tonight 오늘밤
03	I'm going to travel to France.	• France 프랑스 • Germany 독일 • Spain 스페인 • Italy 이탈리아 • the U.K. 영국 • travel 여행하다
04	Can you speak French?	• French 불어, 프랑스의 • German 독일어, 독일의 • Spanish 스페인어, 스페인의 • Italian 이탈리아어, 이탈리아의 • speak 말하다
05	How was your trip?	• trip 여행 • vacation 방학 • holiday 휴일, 명절 • concert 공연, 연주회 • movie 영화
06	A dish is on the table.	• dish 접시 • fork 포크 • knife 칼 • spoon 숟가락 • chopsticks 젓가락
07	Is the man strong?	• strong 강한, 힘센 • weak 약한 • fast 빠른 • slow 느린 • rich 부유한 • poor 가난한
08	He is wearing a ring.	• ring 반지 • necklace 목걸이 • earring 귀걸이 • belt 허리띠, 벨트 • wear 착용하다
09	There is a king in the castle.	• king 왕, 국왕 • queen 여왕, 왕비 • prince 왕자 • princess 공주 • castle 성, 궁궐
10	Add some salt.	• salt 소금 • pepper 후추 • sugar 설탕 • oil 기름, 식용유 • sauce 소스, 양념 • add 더하다, 첨가하다
11	I have homework.	• homework 숙제 • question 질문 • test 시험 • quiz 퀴즈, 간단한 시험 • presentation 발표
12	May I borrow your pencil?	• borrow 빌리다 • use 사용하다 • try on (한번) 입어보다 • ask 묻다, 질문하다 • answer 대답하다
13	Eggs are good for your brain.	• brain 뇌, 두뇌 • heart 심장 • bone 뼈 • skin 피부 • body 몸, 신체
14	Be careful!	• careful 조심스러운, 주의 깊은 • quiet 조용한 • patient 참을성[인내심]이 있는 • ready 준비된 • polite 공손한, 예의 바른
15	We can see a hill there.	• hill 언덕 • mountain 산 • field 들판 • desert 사막 • forest 숲
16	We went to the lake.	• lake 호수 • river 강 • sea 바다 • beach 해변, 바닷가 • island 섬 • ocean 바다, 대양
17	Many people live in the town.	• town 소도시, 읍 • city 도시 • country 나라, 국가 • world 세계, 세상 • people 사람들 • live 살다, 생활하다
18	She was excited.	• excited 흥분한, 신이 난 • worried 걱정하는 • surprised 놀란 • scared 두려워하는 • shocked 충격을 받은
19	My dream is to be a musician.	• musician 뮤지션, 음악가 • comedian 코미디언, 희극배우 • announcer 아나운서, 해설자 • photographer 사진사 • movie director 영화감독
20	I'm fixing the bike now.	• fix 고치다, 수선하다 • wash 씻다, 세탁하다 • carry 운반하다, 나르다 • move 옮기다 • bake (빵을) 굽다

초등 필수 영단어 완벽 복습

01	I like spring the most.	• spring 봄 • summer 여름 • fall 가을 • winter 겨울 • season 계절
02	Is this mango delicious?	• mango 망고 • pineapple 파인애플 • watermelon 수박 • plum 자두 • fruit 과일 • delicious 맛있는
03	I'd like to pasta, please.	• pasta 파스타 • noodles 국수 • sandwich 샌드위치 • French fries 감자튀김 • fried rice 볶음밥 • order 주문하다
04	My friend Roy is so healthy.	• healthy 건강한 • calm 차분한 • popular 인기 있는 • lucky 운이 좋은 • funny 재미있는
05	He lives in Mexico.	• Mexico 멕시코 • India 인도 • Vietnam 베트남 • Egypt 이집트 • Australia 호주
06	Are you Mexican?	• Mexican 멕시코인(의) • Indian 인도인(의) • Vietnamese 베트남인(의) • Egyptian 이집트인(의) • Australian 호주인(의)
07	My elbow hurts.	• elbow 팔꿈치 • back 등 • knee 무릎 • ankle 발목 • hurt 아프다
08	Its shape is a circle.	• circle 원, 동그라미 • square 정사각형 • triangle 삼각형 • rectangle 직사각형 • oval 타원 • shape 모양
09	I'm in the sixth grade.	• first 첫 번째의 • second 두 번째의 • third 세 번째의 • fourth 네 번째의 • fifth 다섯 번째의 • sixth 여섯 번째의 • grade 학년
10	It's on the seventh floor.	• seventh 일곱 번째의 • eighth 여덟 번째의 • ninth 아홉 번째의 • tenth 열 번째의 • hundredth 백 번째의 • floor 층
11	How can I get to the gym?	• gym 체육관 • restaurant 음식점, 식당 • supermarket 슈퍼마켓 • airport 공항 • city hall 시청
12	Go straight.	• straight 곧장, 직진하여 • right 오른쪽으로 • left 왼쪽으로 • turn 돌다, 회전하다 • block 블록, 구역
13	Do you believe him?	• believe 믿다 • hate 싫어하다 • miss 그리워하다 • understand 이해하다 • remember 기억하다
14	I love your boots.	• boots 부츠 • sneakers 운동화 • blouse 블라우스 • sweater 스웨터 • vest 조끼 • clothes 의류
15	I go swimming on weekdays.	• weekday 평일 • weekend 주말 • today 오늘 • yesterday 어제 • tomorrow 내일
16	That's easy.	• easy 쉬운 • difficult 어려운 • right 맞은, 옳은 • wrong 틀린, 잘못된 • great 대단한, 훌륭한 • important 중요한
17	My birthday is in January.	• January 1월 • February 2월 • March 3월 • April 4월 • May 5월 • June 6월
18	My dad's birthday is in July.	• July 7월 • August 8월 • September 9월 • October 10월 • November 11월 • December 12월
19	How often do you watch TV?	• watch 보다 • exercise 운동하다 • feed 먹이를 주다 • ride 타다 • practice 연습하다
20	I always watch TV.	• always 항상, 언제나 • usually 보통 • often 종종, 자주 • sometimes 이따금 • never 거의 ~않는

01	My dad is a soldier.	• soldier 군인 • astronaut 우주비행사 • lawyer 변호사 • engineer 기사, 기술자 • businessman 사업가
02	I'm writing a letter.	• letter 편지 • e-mail 전자우편 • story 이야기 • report 보고서 • diary 일기장, 일기
03	When is the school festival?	• school festival 학교 축제 • field trip 현장 학습 • New Year's Day 설날, 새해 첫 날 • Children's Day 어린이날 • Christmas 성탄절
04	The school festival is April eleventh.	• eleventh 열한 번째 • twelfth 열두 번째 • thirteenth 열세 번째 • twentieth 스무 번째 • twenty-first 스물한 번째
05	You should wear a helmet.	• helmet 안전모, 헬멧 • seat belt 안전벨트 • life jacket 구명조끼 • sunglasses 선글라스 • mask 마스크
06	You have a headache.	• headache 두통 • stomachache 복통 • toothache 치통 • runny nose 콧물 • fever 열
07	He has curly hair.	• curly 곱슬곱슬한 • straight 곧은, 곧게 뻗은 • blond 금발의 • wavy 물결모양의 • thick 숱이 많은 • hair 머리카락, (동물의) 털
08	How heavy!	• heavy 무거운 • deep 깊은 • soft 부드러운 • nice 좋은, 즐거운 • dark 어두운 • wonderful 훌륭한, 멋진
09	Mars is bigger than Mercury.	• Mercury 수성 • Venus 금성 • Earth 지구 • Mars 화성 • Jupiter 목성 • Saturn 토성 • space 우주
10	Is there a towel in the bathroom?	• towel 수건 • toothbrush 칫솔 • toothpaste 치약 • soap 비누 • shampoo 샴푸
11	Korea is in Asia.	• America 아메리카 • Europe 유럽 • Asia 아시아 • Africa 아프리카 • Oceania 오세아니아
12	I think it is interesting.	• interesting 재미있는 • boring 지루한 • dangerous 위험한 • safe 안전한 • different 다른 • think 생각하다
13	We need a new refrigerator.	• refrigerator 냉장고 • vacuum cleaner 진공청소기 • washing machine 세탁기 • microwave 전자레인지
14	We'll stay here.	• stay 머무르다 • leave 떠나다 • wait 기다리다 • return 돌아오다, 돌아가다 • arrive 도착하다
15	Give me a towel.	• give 주다 • show 보여주다 • teach 가르쳐주다 • tell 말해주다
16	The woman is a friendly vet.	• friendly 다정한 • clever 재치 있는, 영리한 • famous 유명한 • diligent 부지런한 • lazy 게으른
17	I enjoy eating sweet food.	• sweet 단, 달콤한 • salty 짠, 짭짤한 • spicy 매운, 매콤한 • sour 신, 시큼한 • bitter 쓴, 씁쓸한
18	Sharks live in the sea.	• shark 상어 • octopus 문어 • whale 고래 • starfish 불가사리 • dolphin 돌고래
19	Don't forget to lock the door.	• forget 잊다 • lock 잠그다 • send 보내다 • bring 가져오다 • take 가져가다 • finish 끝마치다
20	We should recycle bottles.	• recycle 재활용하다 • save 절약하다 • energy 에너지 • reuse 재사용하다 • pick up 줍다 • trash 쓰레기

01

8쪽 9쪽

A (Read & Match) 다음 그림에 맞게 색으로 된 알맞은 단어와 우리말 뜻을 연결하세요.

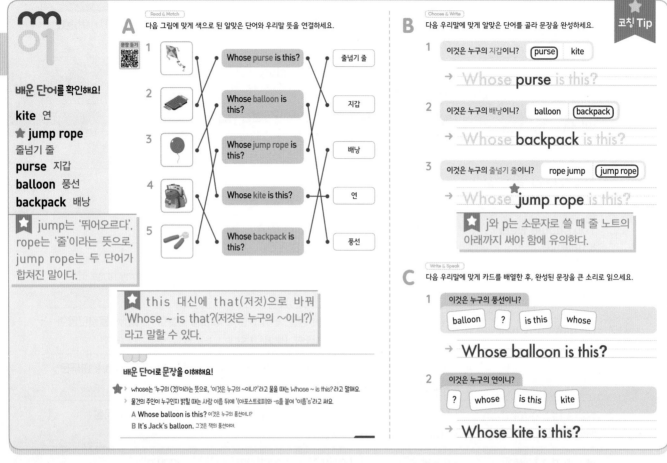

1 Whose purse is this?
2 Whose balloon is this?
3 Whose jump rope is this?
4 Whose kite is this?
5 Whose backpack is this?

줄넘기 줄 / 지갑 / 배낭 / 연 / 풍선

배운 단어를 확인해요!

kite 연
★ jump rope 줄넘기 줄
purse 지갑
balloon 풍선
backpack 배낭

☆ jump는 '뛰어오르다', rope는 '줄'이라는 뜻으로, jump rope는 두 단어가 합쳐진 말이다.

☆ this 대신에 that(저것)으로 바꿔 'Whose ~ is that?(저것은 누구의 ~이니?)' 라고 말할 수 있다.

배운 단어로 문장을 이해해요!

★ whose는 '누구의 (것)'이라는 뜻으로, '이것은 누구의 ~이니?'라고 물을 때는 Whose ~ is this?라고 말해요.
> 물건의 주인이 누구인지 밝힐 때는 사람 이름 뒤에 '(아포스트로피)와 -s를 붙여 '이름's'라고 써요.
A Whose balloon is this? 이것은 누구의 풍선이니?
B It's Jack's balloon. 그것은 잭의 풍선이야.

B (Choose & Write) 다음 우리말에 맞게 알맞은 단어를 골라 문장을 완성하세요.

코칭 Tip

1 이것은 누구의 지갑이니? (purse) kite
→ Whose **purse** is this?

2 이것은 누구의 배낭이니? balloon (backpack)
→ Whose **backpack** is this?

3 이것은 누구의 줄넘기 줄이니? rope jump (jump rope)
→ Whose ★ **jump rope** is this?

☆ j와 p는 소문자로 쓸 때 줄 노트의 아래까지 써야 함에 유의한다.

C (Write & Speak) 다음 우리말에 맞게 카드를 배열한 후, 완성된 문장을 큰 소리로 읽으세요.

1 이것은 누구의 풍선이니?
balloon / ? / is this / whose
→ Whose balloon is this?

2 이것은 누구의 연이니?
? / whose / is this / kite
→ Whose kite is this?

02

12쪽 13쪽

A (Read & Choose) 다음 문장을 읽고, 색으로 된 단어에 맞는 우리말 뜻을 고르세요.

1 Can you catch the ball? — 던지다 / (잡다)
2 Can you hit the ball? — (치다) / 차다
3 Can you throw the ball? — 건네주다 / (던지다)
4 Can you kick the ball? — 잡다 / (차다)
5 Can you pass the ball? — (건네주다) / 치다

배운 단어를 확인해요!

kick (발로) 차다
hit (공을) 치다
throw 던지다
★ catch 잡다
pass 건네주다, 패스하다

☆ t는 소리 나지 않는 묵음으로, 동일한 예로는 watch(보다)가 있다.

☆ Can you ~?는 Yes, I can.이나 No, I can't.로 대답한다.

배운 단어로 문장을 이해해요!

★ Can you ~?는 '너는 ~할 수 있니?'라는 뜻으로, 상대방의 능력을 물어볼 때 써요.
예 Can you catch the ball? 너는 공을 잡을 수 있니?
> Can you ~?는 '네가 ~해 줄 수 있니?'라는 뜻으로, 상대방에게 무엇인가를 요청할 때도 써요.
예 Can you pass the ball? 네가 공을 건네줄 수 있니?

B (Choose & Write) 다음에서 알맞은 단어를 골라 우리말에 맞게 문장을 완성하세요.

pass catch hit kick throw

1 너는 공을 던질 수 있니?
→ Can you **throw** the ball?

2 너는 공을 찰 수 있니?
→ Can you **kick** the ball?

3 네가 공을 건네줄 수 있니?
→ Can you **pass** the ball?

C (Write & Speak) 다음 우리말에 맞게 카드를 배열한 후, 완성된 문장을 큰 소리로 읽으세요.

1 너는 공을 칠 수 있니?
? / hit / the ball / can you
→ Can you hit the ball?

2 너는 공을 잡을 수 있니?
can you / the ball / ? / catch
→ Can you catch the ball?

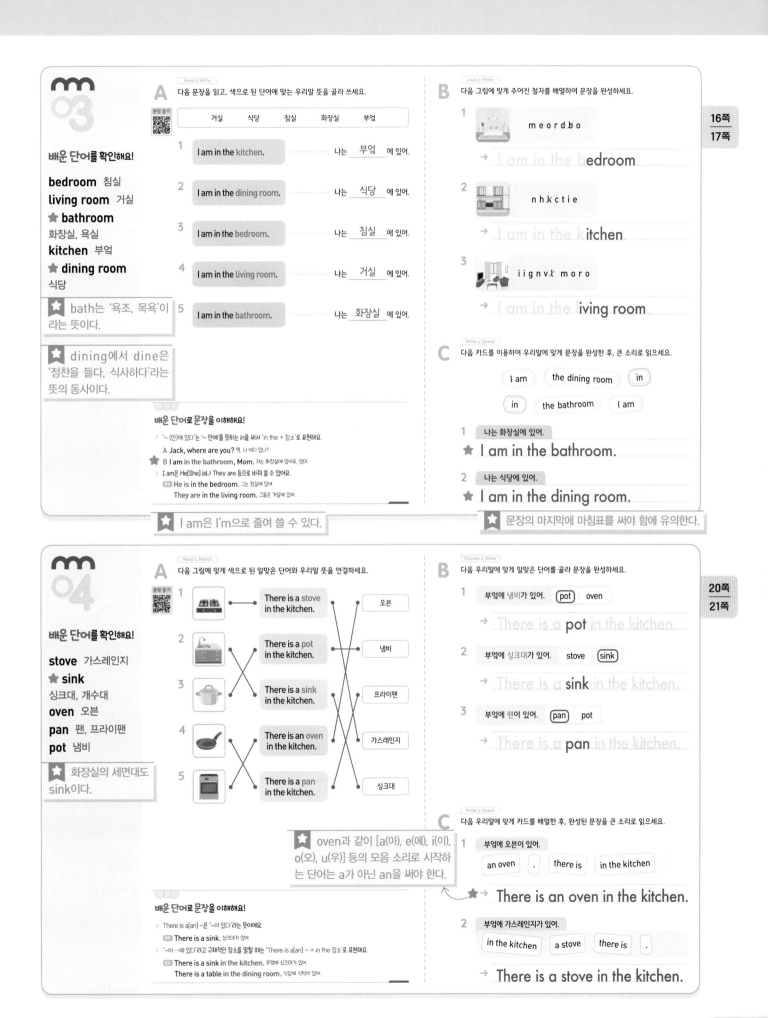

03

배운 단어를 확인해요!

bedroom 침실
living room 거실
⭐ **bathroom**
화장실, 욕실
kitchen 부엌
⭐ **dining room**
식당

⭐ bath는 '욕조, 목욕'이
라는 뜻이다.

⭐ dining에서 dine은
'정찬을 들다, 식사하다'라는
뜻의 동사이다.

A Read & Write
다음 문장을 읽고, 색으로 된 단어에 맞는 우리말 뜻을 골라 쓰세요.

| 거실 | 식당 | 침실 | 화장실 | 부엌 |

1 I am in the kitchen.　　　나는 __부엌__ 에 있어.

2 I am in the dining room.　나는 __식당__ 에 있어.

3 I am in the bedroom.　　나는 __침실__ 에 있어.

4 I am in the living room.　나는 __거실__ 에 있어.

5 I am in the bathroom.　　나는 __화장실__ 에 있어.

배운 단어로 문장을 이해해요!

> '~ (안에) 있다'는 '~ 안에'를 뜻하는 in을 써서 'in the + 장소'로 표현해요.
  A Jack, where are you? 잭, 너 어디 있니?
  ⭐ B I am in the bathroom, Mom. 저는 화장실에 있어요, 엄마.
> I am은 He[She] is나 They are 등으로 바꿔 쓸 수 있어요.
  ◑ He is in the bedroom. 그는 침실에 있어.
  They are in the living room. 그들은 거실에 있어.

⭐ I am은 I'm으로 줄여 쓸 수 있다.

B Look & Write
다음 그림에 맞게 주어진 철자를 배열하여 문장을 완성하세요.

1 m e o r d b o
→ I am in the bedroom

2 n h k c t i e
→ I am in the kitchen.

3 i i g n v l m o r o
→ I am in the living room

C Write & Speak
다음 카드를 이용하여 우리말에 맞게 문장을 완성한 후, 큰 소리로 읽으세요.

| I am | the dining room | in |
| in | the bathroom | I am |

1 나는 화장실에 있어.
⭐ I am in the bathroom.

2 나는 식당에 있어.
⭐ I am in the dining room.

⭐ 문장의 마지막에 마침표를 써야 함에 유의한다.

16쪽 / 17쪽

04

배운 단어를 확인해요!

stove 가스레인지
⭐ **sink**
싱크대, 개수대
oven 오븐
pan 팬, 프라이팬
pot 냄비

⭐ 화장실의 세면대도
sink이다.

A Read & Match
다음 그림에 맞게 색으로 된 알맞은 단어와 우리말 뜻을 연결하세요.

1 There is a stove in the kitchen.　　오븐

2 There is a pot in the kitchen.　　냄비

3 There is a sink in the kitchen.　　프라이팬

4 There is an oven in the kitchen.　　가스레인지

5 There is a pan in the kitchen.　　싱크대

⭐ oven과 같이 [a(아), e(에), i(이),
o(오), u(우)] 등의 모음 소리로 시작하
는 단어는 a가 아닌 an을 써야 한다.

배운 단어로 문장을 이해해요!

> There is a[an]은 '~이 있다'라는 뜻이에요.
  ◑ There is a sink. 싱크대가 있어.
> '~이 …에 있다'고 구체적인 장소를 말할 때는 'There is a[an] ~ + in the 장소'로 표현해요.
  ◑ There is a sink in the kitchen. 부엌에 싱크대가 있어.
  There is a table in the dining room. 식당에 식탁이 있어.

B Choose & Write
다음 우리말에 맞게 알맞은 단어를 골라 문장을 완성하세요.

1 부엌에 냄비가 있어.　(pot) oven
→ There is a pot in the kitchen.

2 부엌에 싱크대가 있어.　stove (sink)
→ There is a sink in the kitchen.

3 부엌에 팬이 있어.　(pan) pot
→ There is a pan in the kitchen.

C Write & Speak
다음 우리말에 맞게 카드를 배열한 후, 완성된 문장을 큰 소리로 읽으세요.

1 부엌에 오븐이 있어.
| an oven | . | there is | in the kitchen |
⭐ There is an oven in the kitchen.

2 부엌에 가스레인지가 있어.
| in the kitchen | a stove | there is | . |
→ There is a stove in the kitchen.

20쪽 / 21쪽

05

배운 단어를 확인해요!

hotel 호텔
museum 박물관
bookstore 서점
⭐ **theater**
극장, 영화관
department store
백화점

⭐ t가 모음과 모음 사이에 있고 뒤에 r이 오면 [ㄹ]로 발음하기도 하는데, 동일한 예로는 butter[버러r]가 있다.

A (Read & Write)

다음 문장을 읽고, 색으로 된 단어에 맞는 우리말 뜻을 골라 쓰세요.

극장	서점	백화점	호텔	박물관

1 Where is the hotel? ··· 호텔 은 어디에 있니?

2 Where is the department store? 백화점 은 어디에 있니?

3 Where is the museum? 박물관 은 어디에 있니?

4 Where is the bookstore? 서점 은 어디에 있니?

5 Where is the theater? 극장 은 어디에 있니?

⭐ Where is ~?에서는 장소 앞에 반드시 the를 쓴다.

배운 단어로 문장을 이해해요!

⭐ Where is ~?는 '~은 어디에 있니?'라는 뜻으로, 특정 장소의 위치를 물을 때 써요.
A Where is the museum? 박물관은 어디에 있니?
B It's next to the hotel. 그것은 호텔 옆에 있어.
〉 the museum 같은 장소 외에 물건의 위치를 물어볼 때도 Where is ~?를 써요.
A Where is your book? 네 책은 어디에 있니?
B It's in my backpack. 그것은 내 배낭 안에 있어.

B (Look & Write)

다음 그림에 맞게 주어진 철자를 배열하여 문장을 완성하세요.

1  e a t x r h e
→ Where is the theater?

2 m m u u e s
→ Where is the museum?

3 k r e o s o o t b
→ Where is the bookstore?

C (Write & Speak)

다음 카드를 이용하여 우리말에 맞게 문장을 완성한 후, 큰 소리로 읽으세요.

the department store	the hotel

is	where	where	is

1 백화점은 어디에 있니?
⭐ Where is the department store?

2 호텔은 어디에 있니?
⭐ Where is the hotel?

⭐ 문장의 마지막에 물음표를 써야 함에 유의한다.

Review 01 - 05

A

단어 발음을 듣고, 우리말 뜻에 맞는 카드를 찾아 단어를 완성하세요.

-ackpack	-atch	-ven	-itchen

-ookstore	-otel	-iving room	-ot

1 오븐 oven
2 부엌 kitchen
3 잡다 catch
4 서점 bookstore
5 배낭 backpack
6 호텔 hotel
7 냄비 pot
8 거실 living room

B

다음 문장을 우리말로 표현할 때 빈칸에 알맞은 우리말 뜻을 쓰세요.

1 I am in the bathroom. 나는 화장실[욕실] 에 있어.

2 Whose purse is this? 이것은 누구의 지갑 이니?

3 Can you pass the ball? 네가 공을 건네줄 수 있니?
[패스해 줄]

4 Where is the theater? 극장[영화관] 은 어디에 있니?

5 There is a stove in the kitchen. 부엌에 가스레인지 가 있어.

C (Let's Play)

우리말 뜻이나 그림에 맞는 단어로 퍼즐을 완성하세요.

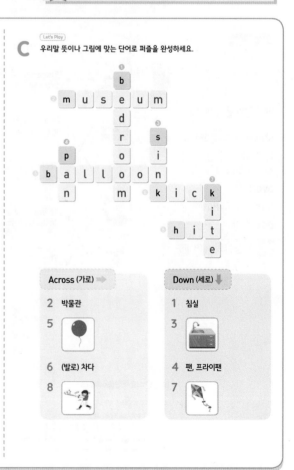

Across (가로) →
2 박물관
5 (balloon 그림)
6 (발로) 차다
8 (킥 그림)

Down (세로) ↓
1 침실
3 (자물쇠 그림)
4 팬, 프라이팬
7 (연 그림)

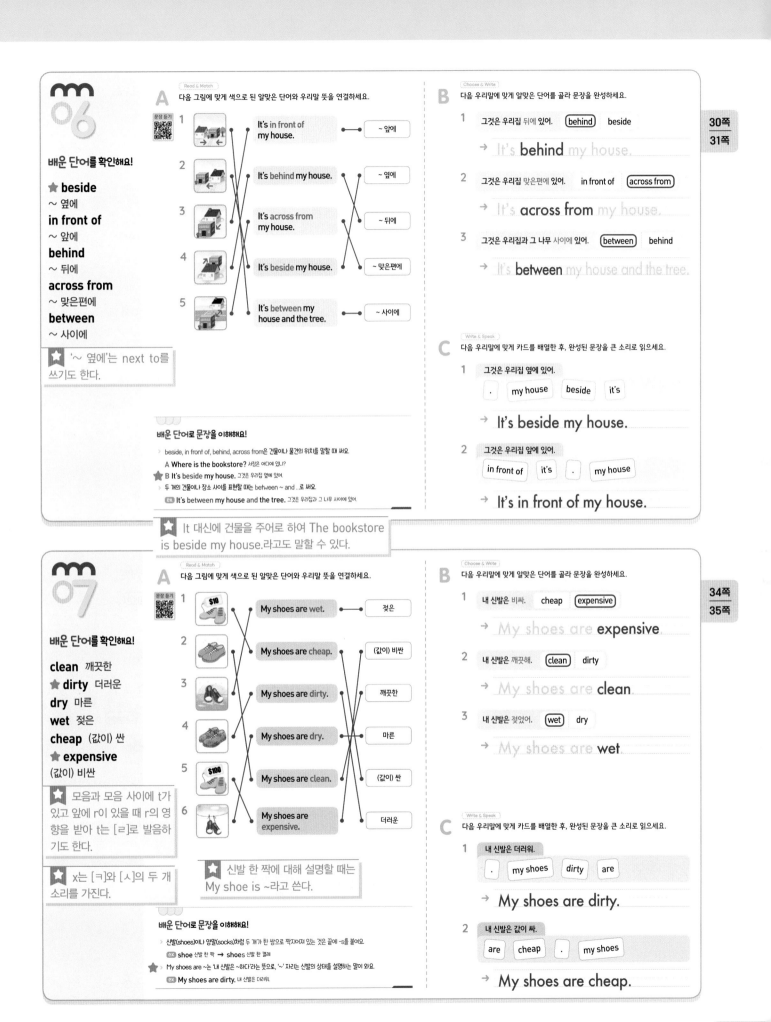

06

배운 단어를 확인해요!

★ **beside**
~ 옆에
in front of
~ 앞에
behind
~ 뒤에
across from
~ 맞은편에
between
~ 사이에

☆ '~ 옆에'는 next to를 쓰기도 한다.

A Read & Match
다음 그림에 맞게 색으로 된 알맞은 단어와 우리말 뜻을 연결하세요.

문장 듣기

1 It's in front of my house. — ~ 앞에
2 It's behind my house. — ~ 옆에
3 It's across from my house. — ~ 뒤에
4 It's beside my house. — ~ 맞은편에
5 It's between my house and the tree. — ~ 사이에

배운 단어로 문장을 이해해요!

> beside, in front of, behind, across from은 건물이나 물건의 위치를 말할 때 써요.
> A Where is the bookstore? 서점은 어디에 있니?
> ★ B It's beside my house. 그것은 우리집 옆에 있어.
> 두 개의 건물이나 장소 사이를 표현할 때는 between ~ and ...로 써요.
> EX It's between my house and the tree. 그것은 우리집과 그 나무 사이에 있어.

☆ It 대신에 건물을 주어로 하여 The bookstore is beside my house.라고도 말할 수 있다.

B Choose & Write
다음 우리말에 맞게 알맞은 단어를 골라 문장을 완성하세요.

1 그것은 우리집 뒤에 있어. [behind] beside
→ It's **behind** my house.

2 그것은 우리집 맞은편에 있어. in front of [across from]
→ It's **across from** my house.

3 그것은 우리집과 그 나무 사이에 있어. [between] behind
→ It's **between** my house and the tree.

C Write & Speak
다음 우리말에 맞게 카드를 배열한 후, 완성된 문장을 큰 소리로 읽으세요.

1 그것은 우리집 옆에 있어.
. my house beside it's
→ It's beside my house.

2 그것은 우리집 앞에 있어.
in front of it's . my house
→ It's in front of my house.

30쪽 / 31쪽

07

배운 단어를 확인해요!

clean 깨끗한
★ **dirty** 더러운
dry 마른
wet 젖은
cheap (값이) 싼
★ **expensive** (값이) 비싼

☆ 모음과 모음 사이에 t가 있고 앞에 r이 있을 때 r의 영향을 받아 t는 [ㄹ]로 발음하기도 한다.

☆ x는 [ㅋ]와 [ㅅ]의 두 개 소리를 가진다.

A Read & Match
다음 그림에 맞게 색으로 된 알맞은 단어와 우리말 뜻을 연결하세요.

문장 듣기

1 My shoes are wet. — 젖은
2 My shoes are cheap. — (값이) 비싼
3 My shoes are dirty. — 깨끗한
4 My shoes are dry. — 마른
5 My shoes are clean. — (값이) 싼
6 My shoes are expensive. — 더러운

☆ 신발 한 짝에 대해 설명할 때는 My shoe is ~라고 쓴다.

배운 단어로 문장을 이해해요!

> 신발(shoes)이나 양말(socks)처럼 두 개가 한 쌍으로 짝지어져 있는 것은 끝에 -s를 붙여요.
> EX shoe 신발 한 짝 → shoes 신발 한 켤레
> ★ My shoes are ~는 '내 신발은 ~하다'라는 뜻으로, '~' 자리는 신발의 상태를 설명하는 말이 와요.
> EX My shoes are dirty. 내 신발은 더러워.

B Choose & Write
다음 우리말에 맞게 알맞은 단어를 골라 문장을 완성하세요.

1 내 신발은 비싸. cheap [expensive]
→ My shoes are **expensive**.

2 내 신발은 깨끗해. [clean] dirty
→ My shoes are **clean**.

3 내 신발은 젖었어. [wet] dry
→ My shoes are **wet**.

C Write & Speak
다음 우리말에 맞게 카드를 배열한 후, 완성된 문장을 큰 소리로 읽으세요.

1 내 신발은 더러워.
. my shoes dirty are
→ My shoes are dirty.

2 내 신발은 값이 싸.
are cheap . my shoes
→ My shoes are cheap.

34쪽 / 35쪽

113

08

east 동쪽
west 서쪽
south 남쪽
north 북쪽

☆ 남동쪽은 남쪽(south)과 동쪽(east)을 붙인 southeast이고, 북서쪽은 북쪽(north)과 서쪽(west)을 붙인 northwest이다.

A Read & Write

다음 문장을 읽고, 색으로 된 단어에 맞는 우리말 뜻을 골라 쓰세요.

| 동쪽 | 서쪽 | 남쪽 | 북쪽 |

1 Which way is south? .... 어느 쪽이 __남쪽__ 이니?

2 Which way is west? .... 어느 쪽이 __서쪽__ 이니?

3 Which way is east? .... 어느 쪽이 __동쪽__ 이니?

4 Which way is north? .... 어느 쪽이 __북쪽__ 이니?

☆ That way.(저쪽이야.)로도 말할 수 있다.

배운 단어로 문장을 이해해요!

› which는 '어느, 어떤', way는 '길, 방향'이라는 뜻이에요.
› Which way is ~?는 '어느 쪽[방향]이 ~이니?'라는 뜻이에요.
  A Which way is south? 어느 쪽이 남쪽이니?
★ B This way. 이쪽이야.

B Look & Write

다음 그림에 맞게 주어진 철자를 배열하여 문장을 완성하세요.

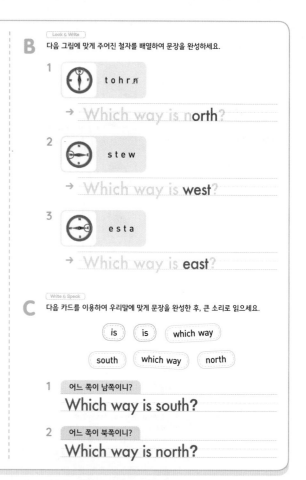

1 t o h r n
→ Which way is **n**orth?

2 s t e w
→ Which way is **west**?

3 e s t a
→ Which way is **east**?

C Write & Speak

다음 카드를 이용하여 우리말에 맞게 문장을 완성한 후, 큰 소리로 읽으세요.

(is) (is) (which way)
(south) (which way) (north)

1 어느 쪽이 남쪽이니?
Which way is south?

2 어느 쪽이 북쪽이니?
Which way is north?

09

★ **Korea** 한국
China 중국
Japan 일본
★ **the U.S.A.** 미국
Canada 캐나다

☆ '남한'은 South Korea이다.

☆ the U.S.A.처럼 여러 개의 자치구(states)로 이루어진 나라는 앞에 the를 붙인다.

A Read & Match

다음 그림에 맞게 색으로 된 알맞은 단어와 우리말 뜻을 연결하세요.

1 I am from Canada.   미국
2 I am from Japan.   일본
3 I am from Korea.   캐나다
4 I am from China.   한국
5 ★ I am from the U.S.A.   중국

☆ I am from the U.S.A.의 마지막 .(점)은 the U.S.A.의 줄임말과 문장을 끝맺는 마침표의 기능을 동시에 하므로 .(점)은 두 번 쓰지 않는다.

배운 단어로 문장을 이해해요!

› I am from ~은 '나는 ~ 출신이야, ~에서 왔어'라는 뜻으로, 자신의 출신 지역을 말할 때 써요.
› 출신이나 국적을 물어 볼 때는 Where are you from?이라고 말해요.
  A Where are you from? 너는 어디 출신이니?
  B I am from China. 나는 중국에서 왔어.

B Choose & Write

다음 우리말에 맞게 알맞은 단어를 골라 문장을 완성하세요.

1 나는 중국에서 왔어. Canada (China)
→ I am from **China**.

2 나는 한국에서 왔어. Japan (Korea)
→ I am from **Korea**.

3 나는 캐나다에서 왔어. the U.S.A. (Canada)
→ I am from **Canada**.

C Write & Speak

다음 우리말에 맞게 카드를 배열한 후, 완성된 문장을 큰 소리로 읽으세요.

1 나는 일본에서 왔어.
(I am) (.) (Japan) (from)
→ I am from Japan.

2 나는 미국에서 왔어.
(from) (I am) (the U.S.A.)
→ I am from the U.S.A.

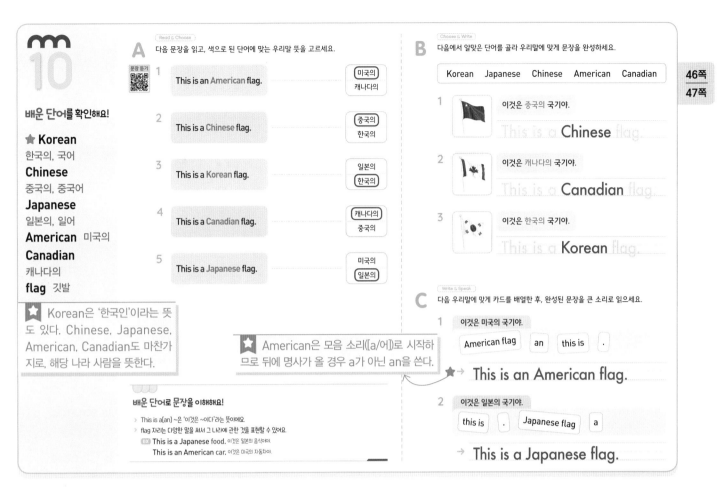

10

배운 단어를 확인해요!

★ **Korean**
한국의, 국어

Chinese
중국의, 중국어

Japanese
일본의, 일어

American 미국의

Canadian
캐나다의

flag 깃발

★ Korean은 '한국인'이라는 뜻도 있다. Chinese, Japanese, American, Canadian도 마찬가지로, 해당 나라 사람을 뜻한다.

배운 단어로 문장을 이해해요!

> This is a[an] ~은 '이것은 ~이다'라는 뜻이에요.
> flag 자리는 다양한 말을 써서 그 나라에 관한 것을 표현할 수 있어요.
> 예) This is a Japanese food. 이것은 일본의 음식이야.
> This is an American car. 이것은 미국의 자동차야.

A Read & Choose
다음 문장을 읽고, 색으로 된 단어에 맞는 우리말 뜻을 고르세요.

1 This is an American flag. — 미국의 / 캐나다의

2 This is a Chinese flag. — 중국의 / 한국의

3 This is a Korean flag. — 일본의 / **한국의**

4 This is a Canadian flag. — 캐나다의 / 중국의

5 This is a Japanese flag. — 미국의 / 일본의

B Choose & Write
다음에서 알맞은 단어를 골라 우리말에 맞게 문장을 완성하세요.

Korean   Japanese   Chinese   American   Canadian

1 이것은 중국의 국기야.
This is a **Chinese** flag.

2 이것은 캐나다의 국기야.
This is a **Canadian** flag.

3 이것은 한국의 국기야.
This is a **Korean** flag.

C Write & Speak
다음 우리말에 맞게 카드를 배열한 후, 완성된 문장을 큰 소리로 읽으세요.

1 이것은 미국의 국기야.
American flag | an | this is | .
★ This is an American flag.

★ American은 모음 소리([a/어])로 시작하므로 뒤에 명사가 올 경우 a가 아닌 an을 쓴다.

2 이것은 일본의 국기야.
this is | . | Japanese flag | a
→ This is a Japanese flag.

46쪽
47쪽

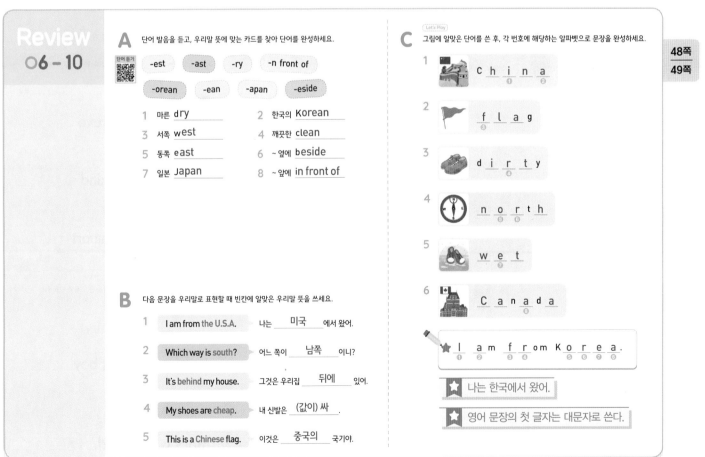

Review
○6 - 10

A
단어 발음을 듣고, 우리말 뜻에 맞는 카드를 찾아 단어를 완성하세요.

-est   -ast   -ry   -n front of
-orean   -ean   -apan   -eside

1 마른 dry
2 한국의 Korean
3 서쪽 west
4 깨끗한 clean
5 동쪽 east
6 ~ 옆에 beside
7 일본 Japan
8 ~ 앞에 in front of

B
다음 문장을 우리말로 표현할 때 빈칸에 알맞은 우리말 뜻을 쓰세요.

1 I am from the U.S.A.   나는 __미국__ 에서 왔어.

2 Which way is south?   어느 쪽이 __남쪽__ 이니?

3 It's behind my house.   그것은 우리집 __뒤에__ 있어.

4 My shoes are cheap.   내 신발은 __(값이) 싸__.

5 This is a Chinese flag.   이것은 __중국의__ 국기야.

C Let's Play
그림에 알맞은 단어를 쓴 후, 각 번호에 해당하는 알파벳으로 문장을 완성하세요.

1 C h i n a
2 f l a g
3 d i r t y
4 n o r t h
5 w e t
6 C a n a d a

★ I am from Korea.

★ 나는 한국에서 왔어.

★ 영어 문장의 첫 글자는 대문자로 쓴다.

48쪽
49쪽

115

11

배운 단어를 확인해요!

English 영어
★ **math** 수학
★ **science** 과학
subject 과목
favorite 가장 좋아하는

☆ mathematics[매쓰머틱스]의 줄임말이다.

☆ s 뒤의 c는 묵음이 되는데, 동일한 예로는 scissors(가위)가 있다.

A Read & Write
다음 문장을 읽고, 색으로 된 단어에 맞는 우리말 뜻을 골라 쓰세요.

가장 좋아하는	수학	과학	영어	과목

1 My favorite subject is English. ······ 내가 가장 좋아하는 과목은 __영어__ 야.

2 My favorite subject is science. 내가 가장 좋아하는 과목은 __과학__ 이야.

3 My favorite subject is math. 내가 가장 좋아하는 과목은 __수학__ 이야.

4 My favorite subject is Korean. 내가 __가장 좋아하는__ 과목은 국어야.

5 My favorite subject is Chinese. 내가 가장 좋아하는 __과목__ 은 중국어야.

배운 단어로 문장을 이해해요!

› my favorite ~은 '내가 가장 좋아하는 ~'이라는 뜻으로, '~'자리에는 다양한 말이 올 수 있어요.
  예 my favorite color 내가 가장 좋아하는 색깔   my favorite food 내가 가장 좋아하는 음식
› 가장 좋아하는 것이 무엇인지 물을 때는 What is your favorite ~?이라고 말해요.
  A What is your favorite subject? 내가 가장 좋아하는 과목은 무엇이니?
  B My favorite subject is English. 내가 가장 좋아하는 과목은 영어야.

B Look & Write
다음 그림에 맞게 주어진 철자를 배열하여 문장을 완성하세요.

1 b t e c u s j
→ My favorite s**ubject** is Korean.

2 h n E i g l s
→ My favorite subject is **E**nglish.

3 a t h m
→ My favorite subject is **math**.

C Write & Speak
다음 카드를 이용하여 우리말에 맞게 문장을 완성한 후, 큰 소리로 읽으세요.

(is) (my favorite subject) (science)
(Chinese) (my favorite subject) (is)

1 내가 가장 좋아하는 과목은 과학이야.
My favorite subject is science.

2 내가 가장 좋아하는 과목은 중국어야.
My favorite subject is Chinese.

12

배운 단어를 확인해요!

smart 똑똑한
kind 친절한
shy 수줍음이 많은
★ **honest** 정직한
brave 용감한

☆ h는 뒤에 모음 o가 오면 묵음이 되는데, 동일한 예로는 hour(시간)가 있다.

A Read & Choose
다음 문장을 읽고, 색으로 된 단어에 맞는 우리말 뜻을 고르세요.

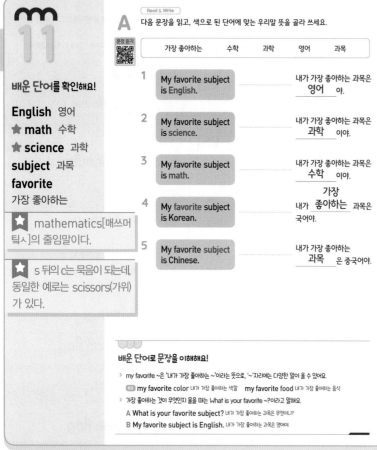

1 Mary is a kind girl.   정직한 / **친절한**

2 Jack is a brave boy.   **용감한** / 똑똑한

3 Mary is a shy girl.   **수줍음이 많은** / 친절한

4 ★ Jack is an honest boy.   **정직한** / 용감한

5 Mary is a smart girl.   **똑똑한** / 수줍음이 많은

☆ honest는 모음 소리로 시작하므로 뒤에 명사가 올 경우 a가 아닌 an을 쓴다.

배운 단어로 문장을 이해해요!

› 사람의 성격이나 태도를 표현할 때는 '이름 + is a[an] ~'이라고 말해요.
  예 Mary is an honest girl. 메리는 정직한 소녀야.
› boy나 girl 대신 사람을 나타내는 다른 말로 바꿔 쓸 수 있어요.
  예 Roy is a brave student. 로이는 용감한 학생이야.
  Amy is a kind lady. 에이미는 친절한 숙녀야.

B Choose & Write
다음에서 알맞은 단어를 골라 우리말에 맞게 문장을 완성하세요.

smart	kind	shy	honest	brave

1 잭은 용감한 소년이야.
Jack is a **brave** boy.

2 메리는 친절한 소녀야.
Mary is a **kind** girl.

3 메리는 똑똑한 소녀야.
Mary is a **smart** girl.

C Write & Speak
다음 우리말에 맞게 카드를 배열한 후, 완성된 문장을 큰 소리로 읽으세요.

1 잭은 정직한 소년이야.
(.) (is) (Jack) (an honest boy)
→ Jack is an honest boy.

2 메리는 수줍음이 많은 소녀야.
(is) (a shy girl) (Mary) (.)
→ Mary is a shy girl.

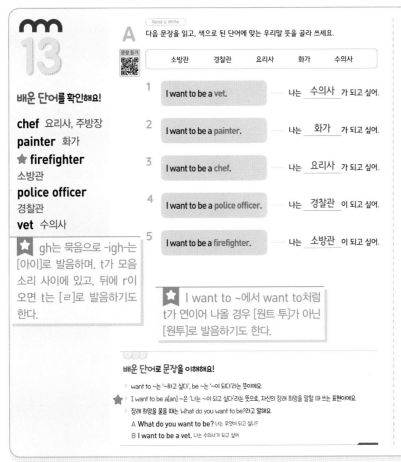
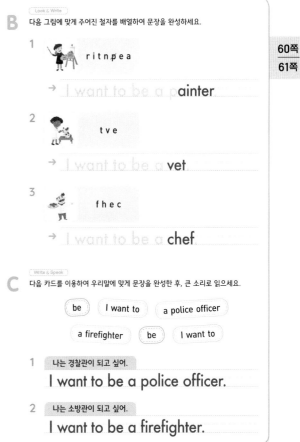

13

배운 단어를 확인해요!

chef 요리사, 주방장
painter 화가
★ **firefighter**
소방관
police officer
경찰관
vet 수의사

☆ gh는 묵음으로 -igh-는 [아이]로 발음하며, t가 모음 소리 사이에 있고, 뒤에 r이 오면 t는 [ㄹ]로 발음하기도 한다.

A Read & Write
다음 문장을 읽고, 색으로 된 단어에 맞는 우리말 뜻을 골라 쓰세요.

소방관	경찰관	요리사	화가	수의사

1 I want to be a vet. ── 나는 __수의사__ 가 되고 싶어.

2 I want to be a painter. ── 나는 __화가__ 가 되고 싶어.

3 I want to be a chef. ── 나는 __요리사__ 가 되고 싶어.

4 I want to be a police officer. ── 나는 __경찰관__ 이 되고 싶어.

5 I want to be a firefighter. ── 나는 __소방관__ 이 되고 싶어.

☆ I want to ~에서 want to처럼 t가 연이어 나올 경우 [원트 투]가 아닌 [원투]로 발음하기도 한다.

배운 단어로 문장을 이해해요!

> want to ~는 '~하고 싶다', be ~는 '~이 되다'라는 뜻이에요.
> ★ I want to be a[an] ~은 '나는 ~이 되고 싶다'라는 뜻으로, 자신의 장래 희망을 말할 때 쓰는 표현이에요.
> 장래 희망을 물을 때는 What do you want to be?라고 말해요.
> A **What do you want to be?** 너는 무엇이 되고 싶니?
> B **I want to be a vet.** 나는 수의사가 되고 싶어

B Look & Write
다음 그림에 맞게 주어진 철자를 배열하여 문장을 완성하세요.

1 r i t n p e a
→ I want to be a **p**ainter

2 t v e
→ I want to be a **vet**

3 f h e c
→ I want to be a **chef**

C Write & Speak
다음 카드를 이용하여 우리말에 맞게 문장을 완성한 후, 큰 소리로 읽으세요.

(be) (I want to) (a police officer)
(a firefighter) (be) (I want to)

1 나는 경찰관이 되고 싶어.
I want to be a police officer.

2 나는 소방관이 되고 싶어.
I want to be a firefighter.

60쪽
61쪽

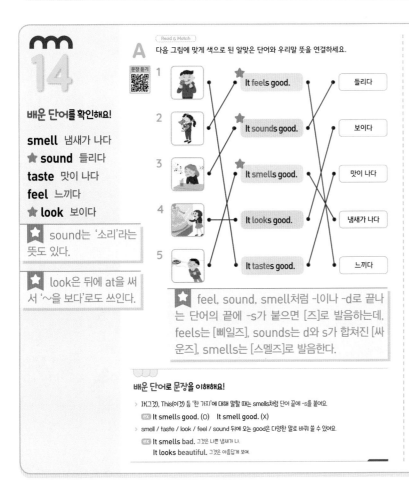

14

배운 단어를 확인해요!

smell 냄새가 나다
★ **sound** 들리다
taste 맛이 나다
feel 느끼다
★ **look** 보이다

☆ sound는 '소리'라는 뜻도 있다.

☆ look은 뒤에 at을 써서 '~을 보다'로도 쓰인다.

A Read & Match
다음 그림에 맞게 색으로 된 알맞은 단어와 우리말 뜻을 연결하세요.

1 ★ It feels good. ── 들리다
2 ★ It sounds good. ── 보이다
3 ★ It smells good. ── 맛이 나다
4 It looks good. ── 냄새가 나다
5 It tastes good. ── 느끼다

☆ feel, sound, smell처럼 -l이나 -d로 끝나는 단어의 끝에 -s가 붙으면 [즈]로 발음하는데, feels는 [삐일즈], sounds는 d와 s가 합쳐진 [싸운즈], smells는 [스멜즈]로 발음한다.

배운 단어로 문장을 이해해요!

> It(그것), This(이것) 등 '한 가지'에 대해 말할 때는 smells처럼 단어 끝에 -s를 붙여요.
> 예 It smells good. (O) It smell good. (X)
> smell / taste / look / feel / sound 뒤에 오는 good은 다양한 말로 바꿔 쓸 수 있어요.
> 예 It smells bad. 그것은 나쁜 냄새가 나.
> It looks beautiful. 그것은 아름답게 보여.

B Choose & Write
다음 우리말에 맞게 알맞은 단어를 골라 문장을 완성하세요.

1 그것은 좋은 맛이 나. sound (taste)
→ ★ It **taste**s good.

2 그것은 좋은 냄새가 나. (smell) look
→ It **smell**s good.

3 그것은 좋게 느껴져. (feel) sound
→ It **feel**s good.

☆ taste 뒤에 -s가 붙어 [ㅌ]와 [ㅅ]가 만나면 [ㅊ]가 되어 tastes는 [테이스츠]로 발음한다.

C Write & Speak
다음 우리말에 맞게 카드를 배열한 후, 완성된 문장을 큰 소리로 읽으세요.

1 그것은 좋아 보여.
(.) (good) (looks) (it)
→ It looks good.

2 그것은 좋게 들려.
(sounds) (it) (.) (good)
→ It sounds good.

64쪽
65쪽

117

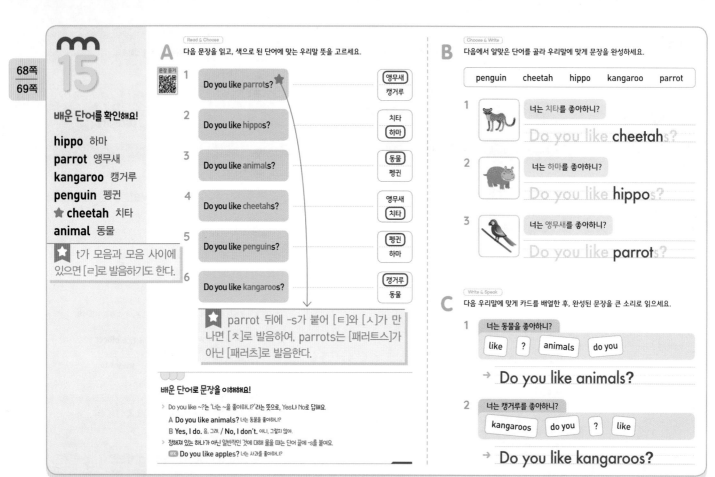

15

배운 단어를 확인해요!

hippo 하마
parrot 앵무새
kangaroo 캥거루
penguin 펭귄
⭐ **cheetah** 치타
animal 동물

⭐ t가 모음과 모음 사이에 있으면 [ㄹ]로 발음하기도 한다.

A Read & Choose
다음 문장을 읽고, 색으로 된 단어에 맞는 우리말 뜻을 고르세요.

1 Do you like parrots? ⭐ — 앵무새 / 캥거루
2 Do you like hippos? — 치타 / 하마
3 Do you like animals? — 동물 / 펭귄
4 Do you like cheetahs? — 앵무새 / 치타
5 Do you like penguins? — 펭귄 / 하마
6 Do you like kangaroos? — 캥거루 / 동물

⭐ parrot 뒤에 -s가 붙어 [ㅌ]와 [ㅅ]가 만나면 [ㅊ]로 발음하여, parrots는 [패러트스]가 아닌 [패러츠]로 발음한다.

배운 단어로 문장을 이해해요!

> Do you like ~?는 '너는 ~을 좋아하니?'라는 뜻으로, Yes나 No로 답해요.
> A Do you like animals? 너는 동물을 좋아하니?
> B Yes, I do. 응, 그래. / No, I don't. 아니, 그렇지 않아.
> 정해져 있는 하나가 아닌 일반적인 것에 대해 물을 때는 단어 끝에 -s를 붙여요.
> 🔲 Do you like apples? 너는 사과를 좋아하니?

B Choose & Write
다음에서 알맞은 단어를 골라 우리말에 맞게 문장을 완성하세요.

penguin cheetah hippo kangaroo parrot

1 너는 치타를 좋아하니?
Do you like **cheetah**s?

2 너는 하마를 좋아하니?
Do you like **hippo**s?

3 너는 앵무새를 좋아하니?
Do you like **parrot**?

C Write & Speak
다음 우리말에 맞게 카드를 배열한 후, 완성된 문장을 큰 소리로 읽으세요.

1 너는 동물을 좋아하니?
like | ? | animals | do you
→ Do you like animals?

2 너는 캥거루를 좋아하니?
kangaroos | do you | ? | like
→ Do you like kangaroos?

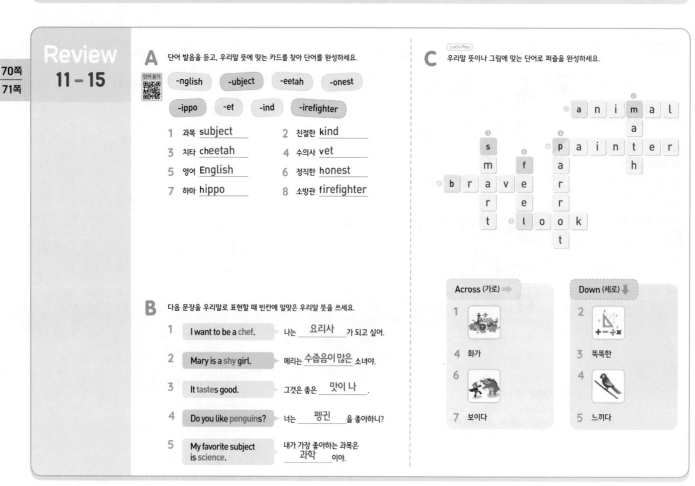

Review 11-15

A
단어 발음을 듣고, 우리말 뜻에 맞는 카드를 찾아 단어를 완성하세요.

-nglish -ubject -eetah -onest
-ippo -et -ind -irefighter

1 과목 subject   2 친절한 kind
3 치타 cheetah   4 수의사 vet
5 영어 English   6 정직한 honest
7 하마 hippo   8 소방관 firefighter

B
다음 문장을 우리말로 표현할 때 빈칸에 알맞은 우리말 뜻을 쓰세요.

1 I want to be a chef. — 나는 __요리사__ 가 되고 싶어.
2 Mary is a shy girl. — 메리는 수줍음이 많은 소녀야.
3 It tastes good. — 그것은 좋은 __맛이 나__ .
4 Do you like penguins? — 너는 __펭귄__ 을 좋아하니?
5 My favorite subject is science. — 내가 가장 좋아하는 과목은 __과학__ 이야.

C Let's Play
우리말 뜻이나 그림에 맞는 단어로 퍼즐을 완성하세요.

a n i m a l
a
s   p a i n t e r
m   f   a   h
b r a v e r   r
r   r   r
t   l o o k
t

Across (가로) →
1 (그림)
4 화가
6 (그림)
7 보이다

Down (세로) ↓
2 (그림)
3 똑똑한
4 (그림)
5 느끼다

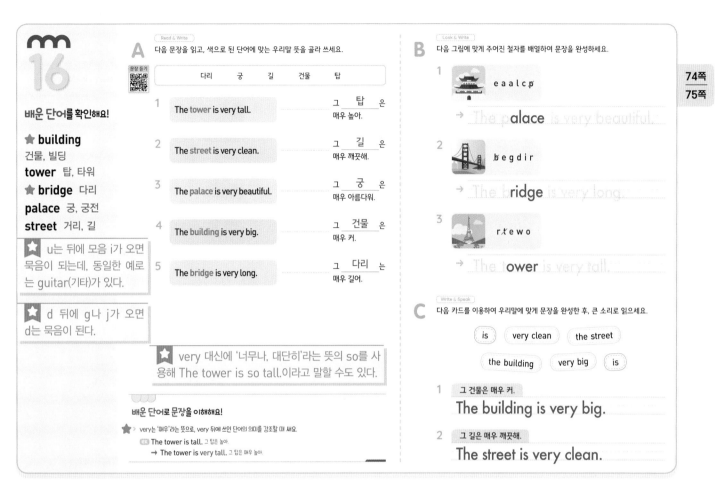

16

배운 단어를 확인해요!

⭐ **building**
건물, 빌딩
tower 탑, 타워
⭐ **bridge** 다리
palace 궁, 궁전
street 거리, 길

⭐ u는 뒤에 모음 i가 오면 묵음이 되는데, 동일한 예로 는 guitar(기타)가 있다.

⭐ d 뒤에 g나 j가 오면 d는 묵음이 된다.

A ⟨Read & Write⟩
다음 문장을 읽고, 색으로 된 단어에 맞는 우리말 뜻을 골라 쓰세요.

| 다리 | 궁 | 길 | 건물 | 탑 |

1 The tower is very tall. → 그 **탑** 은 매우 높아.

2 The street is very clean. → 그 **길** 은 매우 깨끗해.

3 The palace is very beautiful. → 그 **궁** 은 매우 아름다워.

4 The building is very big. → 그 **건물** 은 매우 커.

5 The bridge is very long. → 그 **다리** 는 매우 길어.

⭐ very 대신에 '너무나, 대단히'라는 뜻의 so를 사용해 The tower is so tall.이라고 말할 수도 있다.

배운 단어로 문장을 이해해요!

⭐ very는 '매우'라는 뜻으로, very 뒤에 쓰인 단어의 의미를 강조할 때 써요.
예문 The tower is tall. 그 탑은 높아.
→ The tower is very tall. 그 탑은 매우 높아.

B ⟨Look & Write⟩
다음 그림에 맞게 주어진 철자를 배열하여 문장을 완성하세요.

1 e a a l c p
→ The p**alace** is very beautiful.

2 b e g d i r
→ The b**ridge** is very long.

3 r t e w o
→ The t**ower** is very tall.

C ⟨Write & Speak⟩
다음 카드를 이용하여 우리말에 맞게 문장을 완성한 후, 큰 소리로 읽으세요.

(is) (very clean) (the street)
(the building) (very big) (is)

1 그 건물은 매우 커.
The building is very big.

2 그 길은 매우 깨끗해.
The street is very clean.

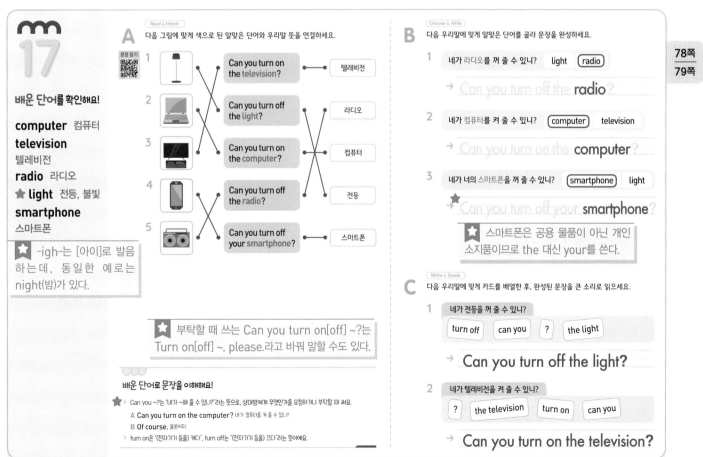

17

배운 단어를 확인해요!

computer 컴퓨터
television 텔레비전
radio 라디오
⭐ **light** 전등, 불빛
smartphone 스마트폰

⭐ -igh-는 [아이]로 발음 하는데, 동일한 예로는 night(밤)가 있다.

A ⟨Read & Match⟩
다음 그림에 맞게 색으로 된 알맞은 단어와 우리말 뜻을 연결하세요.

1 Can you turn on the television? — 텔레비전
2 Can you turn off the light? — 라디오
3 Can you turn on the computer? — 컴퓨터
4 Can you turn off the radio? — 전등
5 Can you turn off your smartphone? — 스마트폰

⭐ 부탁할 때 쓰는 Can you turn on[off] ~?는 Turn on[off] ~, please.라고 바꿔 말할 수도 있다.

배운 단어로 문장을 이해해요!

⭐ Can you ~?는 '네가 ~해 줄 수 있니?'라는 뜻으로, 상대방에게 무언가를 요청하거나 부탁할 때 써요.
A Can you turn on the computer? 네가 컴퓨터를 켜 줄 수 있니?
B Of course. 물론이지.
▸ turn on은 '(전자기기 등을) 켜다', turn off는 '(전자기기 등을) 끄다'라는 뜻이에요.

B ⟨Choose & Write⟩
다음 우리말에 맞게 알맞은 단어를 골라 문장을 완성하세요.

1 네가 라디오를 꺼 줄 수 있니? light (radio)
→ Can you turn off the **radio**?

2 네가 컴퓨터를 켜 줄 수 있니? (computer) television
→ Can you turn on the **computer**?

3 네가 너의 스마트폰을 꺼 줄 수 있니? (smartphone) light
→ Can you turn off your **smartphone**?

⭐ 스마트폰은 공용 물품이 아닌 개인 소지품이므로 the 대신 your를 쓴다.

C ⟨Write & Speak⟩
다음 우리말에 맞게 카드를 배열한 후, 완성된 문장을 큰 소리로 읽으세요.

1 네가 전등을 꺼 줄 수 있니?
(turn off) (can you) (?) (the light)
→ **Can you turn off the light?**

2 네가 텔레비전을 켜 줄 수 있니?
(?) (the television) (turn on) (can you)
→ **Can you turn on the television?**

18

배운 단어를 확인해요!

bowling 볼링
surfing
서핑, 파도타기
★ **in-line skating**
인라인 스케이트 타기
cycling
사이클링, 자전거 타기
★ **snowboarding**
스노보드 타기

★ in-line skate는 '인라인 스케이트', snowboard 는 '스노보드'를 뜻한다.

A
Read & Choose

다음 문장을 읽고, 색으로 된 단어에 맞는 우리말 뜻을 고르세요.

1 Let's go surfing. ┄┄┄ 스노보드 타기 / **파도타기**

2 Let's go cycling. ┄┄┄ 인라인 스케이트 타기 / **자전거 타기**

3 Let's go bowling. ┄┄┄ **볼링** / 파도타기

4 Let's go snowboarding. ┄┄┄ **스노보드 타기** / 자전거 타기

5 Let's go in-line skating. ┄┄┄ 볼링 / **인라인 스케이트 타기**

★ Let's go swimming.(수영하러 가자.), Let's go skiing.(스키 타러 가자.)도 자주 쓰이는 표현이다.

배운 단어로 문장을 이해해요!

> Let's는 '~ 하자'라는 뜻으로, 상대방에게 무엇인가를 제안할 때 쓰는 표현이에요.
> ★ 함께 스포츠를 하자고 말할 땐 'Let's go + 스포츠 활동'이라고 해요.
> EX **Let's go bowling.** 볼링 치러 가자.
> 야구나 배구처럼 공(ball)을 가지고 팀을 이루어서 하는 스포츠는 go가 아닌 play를 써요.
> EX **Let's play baseball.** 야구를 하자.

B
Choose & Write

다음에서 알맞은 단어를 골라 우리말에 맞게 문장을 완성하세요.

| surfing snowboarding bowling cycling in-line skating |

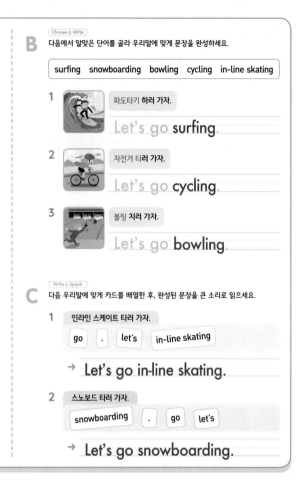

1 파도타기 하러 가자.
Let's go **surfing**.

2 자전거 타러 가자.
Let's go **cycling**.

3 볼링 치러 가자.
Let's go **bowling**.

C
Write & Speak

다음 우리말에 맞게 카드를 배열한 후, 완성된 문장을 큰 소리로 읽으세요.

1 인라인 스케이트 타러 가자.
[go] [let's] [in-line skating]
→ **Let's go in-line skating.**

2 스노보드 타러 가자.
[snowboarding] [go] [let's]
→ **Let's go snowboarding.**

19

배운 단어를 확인해요!

pumpkin 호박
cucumber 오이
cabbage 양배추
garlic 마늘
★ **vegetable** 채소
fresh 신선한

★ 채소 여러 개를 나타 낼 때는 끝에 -s를 붙여 vegetables라고 쓴다.

A
Read & Write

다음 문장을 읽고, 색으로 된 단어에 맞는 우리말 뜻을 골라 쓰세요.

| 호박 오이 양배추 마늘 채소 |

1 This garlic is fresh. ┄┄┄ 이 **마늘** 은 신선해.

2 This cucumber is fresh. ┄┄┄ 이 **오이** 는 신선해.

3 This pumpkin is fresh. ┄┄┄ 이 **호박** 은 신선해.

4 This cabbage is fresh. ┄┄┄ 이 **양배추** 는 신선해.

5 This vegetable is fresh. ┄┄┄ 이 **채소** 는 신선해.

★ 신선도를 묻고 싶을 때는 동사 Is를 맨 앞에 두어 Is ~ fresh?라고 말한다.

배운 단어로 문장을 이해해요!

> 'this ~'는 '이 ~'라는 뜻으로, 사물이나 사람을 가리킬 때 써요.
> EX this garlic 이 마늘 this boy 이 소년
> this 뒤에 나오는 말에 맞춰 is 뒤는 다양한 말로 바꿔 쓸 수 있어요.
> EX **This garlic is cheap.** 이 마늘은 값이 싸.
> **This boy is kind.** 이 소년은 친절해.

B
Look & Write

다음 그림에 맞게 주어진 철자를 배열하여 문장을 완성하세요.

1 c e a a b b g
→ This **cabbage** is fresh.

2 m u n i k p p
→ This **pumpkin** is fresh.

3 a i r l c g
→ This **garlic** is fresh.

C
Write & Speak

다음 카드를 이용하여 우리말에 맞게 문장을 완성한 후, 큰 소리로 읽으세요.

[fresh] [this vegetable] [is]
[is] [this cucumber] [fresh]

1 이 오이는 신선해.
This cucumber is fresh.

2 이 채소는 신선해.
This vegetable is fresh.

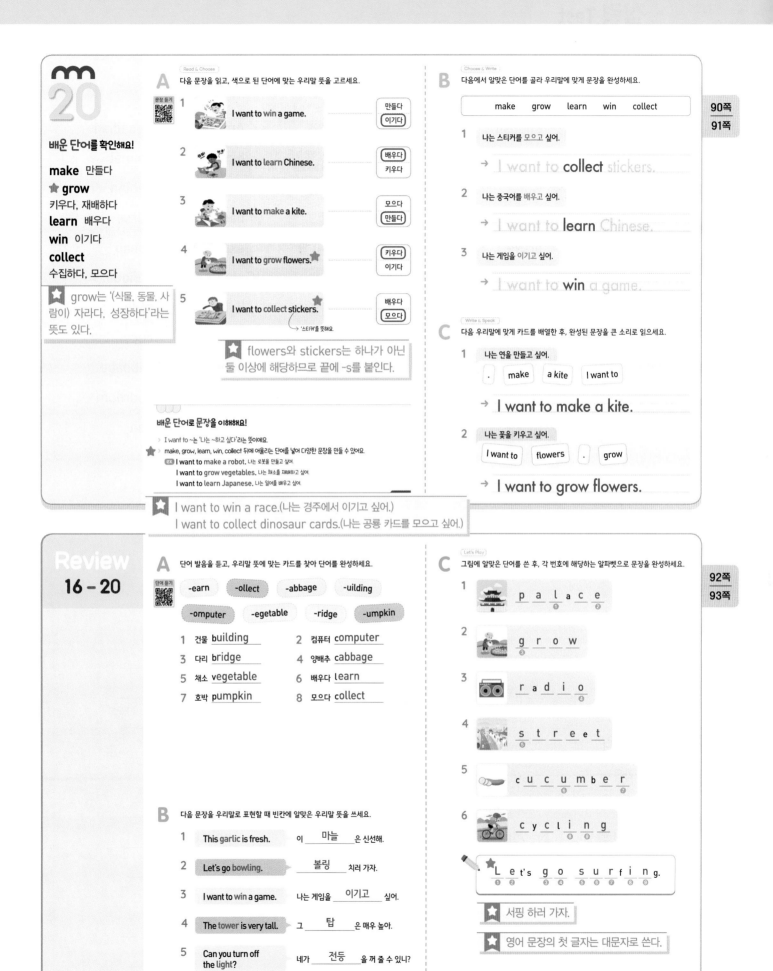

20

배운 단어를 확인해요!

make 만들다

⭐ **grow**
키우다, 재배하다

learn 배우다

win 이기다

collect
수집하다, 모으다

⭐ grow는 '(식물, 동물, 사람이) 자라다, 성장하다'라는 뜻도 있다.

A Read & Choose
다음 문장을 읽고, 색으로 된 단어에 맞는 우리말 뜻을 고르세요.

문장 듣기

1 I want to win a game. .... 만들다 / **이기다**

2 I want to learn Chinese. **배우다** / 키우다

3 I want to make a kite. 모으다 / **만들다**

4 I want to grow flowers.⭐ **키우다** / 이기다

5 I want to collect stickers. 배우다 / **모으다**
  └→ '스티커'를 뜻해요.

⭐ flowers와 stickers는 하나가 아닌 둘 이상에 해당하므로 끝에 -s를 붙인다.

배운 단어로 문장을 이해해요!

> I want to ~는 '나는 ~하고 싶다'라는 뜻이에요.
⭐ > make, grow, learn, win, collect 뒤에 어울리는 단어를 넣어 다양한 문장을 만들 수 있어요.
    ex I want to make a robot. 나는 로봇을 만들고 싶어.
    I want to grow vegetables. 나는 채소를 재배하고 싶어.
    I want to learn Japanese. 나는 일어를 배우고 싶어.

⭐ I want to win a race.(나는 경주에서 이기고 싶어.)
I want to collect dinosaur cards.(나는 공룡 카드를 모으고 싶어.)

B Choose & Write
다음에서 알맞은 단어를 골라 우리말에 맞게 문장을 완성하세요.

| make | grow | learn | win | collect |

90쪽
91쪽

1 나는 스티커를 모으고 싶어.
  → I want to **collect** stickers.

2 나는 중국어를 배우고 싶어.
  → I want to **learn** Chinese.

3 나는 게임을 이기고 싶어.
  → I want to **win** a game.

C Write & Speak
다음 우리말에 맞게 카드를 배열한 후, 완성된 문장을 큰 소리로 읽으세요.

1 나는 연을 만들고 싶어.
  [.] [make] [a kite] [I want to]
  → I want to make a kite.

2 나는 꽃을 키우고 싶어.
  [I want to] [flowers] [.] [grow]
  → I want to grow flowers.

Review 16-20

A
단어 발음을 듣고, 우리말 뜻에 맞는 카드를 찾아 단어를 완성하세요.

단어 듣기

-earn -ollect -abbage -uilding
-omputer -egetable -ridge -umpkin

1 건물 building   2 컴퓨터 computer
3 다리 bridge   4 양배추 cabbage
5 채소 vegetable   6 배우다 learn
7 호박 pumpkin   8 모으다 collect

B
다음 문장을 우리말로 표현할 때 빈칸에 알맞은 우리말 뜻을 쓰세요.

1 This garlic is fresh.   이 __마늘__ 은 신선해.

2 Let's go bowling.   __볼링__ 치러 가자.

3 I want to win a game.   나는 게임을 __이기고__ 싶어.

4 The tower is very tall.   그 __탑__ 은 매우 높아.

5 Can you turn off the light?   네가 __전등__ 을 꺼 줄 수 있니?

C Let's Play
그림에 알맞은 단어를 쓴 후, 각 번호에 해당하는 알파벳으로 문장을 완성하세요.

92쪽
93쪽

1 p a l a c e
   ①   ②

2 g r o w
   ③

3 r a d i o
       ④

4 s t r e e t
   ⑤

5 c u c u m b e r
   ⑥   ⑦

6 c y c l i n g
   ⑧   ⑨

⭐ L e t's g o s u r f i n g.
  ① ② ③ ④ ⑤ ⑥ ⑦ ⑧ ⑨

⭐ 서핑 하러 가자.

⭐ 영어 문장의 첫 글자는 대문자로 쓴다.

121

A　Step 1

94쪽

01	영어	☑ English	☐ math	12	미국의	☑ American	☐ Canadian
02	서쪽	☑ west	☐ east	13	동물	☐ hippo	☑ animal
03	이기다	☑ win	☐ grow	14	~ 뒤에	☐ beside	☑ behind
04	다리	☐ street	☑ bridge	15	배낭	☑ backpack	☐ purse
05	정직한	☐ brave	☑ honest	16	(값이) 싼	☐ expensive	☑ cheap
06	풍선	☑ balloon	☐ kite	17	앵무새	☑ parrot	☐ penguin
07	젖은	☐ dry	☑ wet	18	라디오	☐ light	☑ radio
08	일본	☑ Japan	☐ China	19	마늘	☑ garlic	☐ cucumber
09	요리사	☐ vet	☑ chef	20	양배추	☐ pumpkin	☑ cabbage
10	잡다	☐ throw	☑ catch	21	침실	☐ bathroom	☑ bedroom
11	만들다	☑ make	☐ kick	22	냄비	☑ pot	☐ pan

A　Step 2

94쪽

23	컴퓨터	computer	34	(발로) 차다	kick
24	채소	vegetable	35	줄넘기 줄	jump rope
25	궁, 궁전	palace	36	볼링	bowling
26	들리다	sound	37	중국의, 중국어	Chinese
27	과목	subject	38	캥거루	kangaroo
28	캐나다	Canada	39	텔레비전	television
29	더러운	dirty	40	경찰관	police officer
30	부엌	kitchen	41	가스레인지	stove
31	식당	dining room	42	스마트폰	smartphone
32	백화점	department store	43	친절한	kind
33	파도타기	surfing	44	~ 맞은편에	across from

B Step 1

01	between	☑ ~ 사이에	☐ ~ 옆에		12	south	☑ 남쪽	☐ 북쪽
02	oven	☑ 오븐	☐ 냄비		13	Korea	☑ 한국	☐ 한국의
03	expensive	☐ 싼	☑ 비싼		14	painter	☐ 가수	☑ 화가
04	fresh	☑ 신선한	☐ 친절한		15	tower	☑ 탑	☐ 궁
05	hippo	☐ 악어	☑ 하마		16	Japanese	☐ 일본	☑ 일본의
06	smart	☑ 똑똑한	☐ 정직한		17	cheetah	☑ 치타	☐ 표범
07	purse	☐ 장갑	☑ 지갑		18	look	☐ 느끼다	☑ 보이다
08	the U.S.A.	☐ 영국	☑ 미국		19	learn	☐ 만들다	☑ 배우다
09	science	☑ 과학	☐ 수학		20	hotel	☑ 호텔	☐ 극장
10	flag	☐ 지도	☑ 깃발		21	in front of	☐ ~ 뒤에	☑ ~ 앞에
11	Canadian	☐ 중국의	☑ 캐나다의		22	museum	☑ 박물관	☐ 시장

B Step 2

23	north	북쪽	34	smell	냄새가 나다
24	sink	싱크대, 개수대	35	living room	거실
25	hit	(공을) 치다	36	dry	마른
26	favorite	가장 좋아하는	37	street	거리, 길
27	taste	맛이 나다	38	throw	던지다
28	shy	수줍음이 많은	39	vet	수의사
29	collect	수집하다, 모으다	40	bookstore	서점
30	cucumber	오이	41	grow	키우다, 재배하다
31	pass	건네주다, 패스하다	42	cycling	사이클링, 자전거 타기
32	pumpkin	호박	43	firefighter	소방관
33	in-line skating	인라인 스케이트 타기	44	snowboarding	스노보드 타기

96쪽

01	나는 스티커를 모으고 싶어.	→	I want to ___collect___ stickers.
02	그 건물은 매우 커.		The ___building___ is very big.
03	그것은 좋게 느껴져.		It ___feel___s good.
04	너는 공을 찰 수 있니?		Can you ___kick___ the ball?
05	내 신발은 깨끗해.		My shoes are ___clean___.
06	이것은 한국의 국기야.		This is a ___Korean___ flag.
07	잭은 용감한 소년이야.		Jack is a ___brave___ boy.
08	너는 펭귄을 좋아하니?		Do you like ___penguin___s?
09	그것은 우리집 옆에 있어.		It's ___beside___ my house.
10	부엌에 프라이팬이 있어.		There is a ___pan___ in the kitchen.

96쪽

11	Whose kite is this?	→	이것은 누구의 ___연___ 이니?
12	I am in the bathroom.		나는 ___화장실[욕실]___ 에 있어.
13	Where is the theater?		___극장[영화관]___ 은 어디에 있니?
14	Which way is east?		어느 쪽이 ___동쪽___ 이니?
15	I am from China.		나는 ___중국___ 에서 왔어.
16	I want to be a painter.		나는 ___화가___ 가 되고 싶어.
17	Let's go surfing.		___서핑[파도타기]___ 하러 가자.
18	This cabbage is fresh.		이 ___양배추___ 는 신선해.
19	Can you turn off the light?		네가 ___전등___ 을 꺼줄 수 있니?
20	My favorite subject is math.		내가 가장 좋아하는 과목은 ___수학___ 이야.